Immobilienverkauf im Ausland

Immobilienverkauf im Ausland

Globaler Immobilienverkauf am Beispiel Florida

Andrea Hoff-Domin

WIDMUNG

Dieses Buch ist meinem Onkel, dem Bruder meines Vaters, und seiner Familie gewidmet. Sie haben mir Ihre Liebe geschenkt und mir selbstlos geholfen, als ich es am meisten brauchte.

Information zum Autor:

Geboren am 6. Oktober in Niedersachsen, Deutschland. Sie verlor ihren Vater als Baby auf tragische Weise und die Großeltern, besonders der Großvater, hatten großen Einfluss auf ihre Lebenseinstellung und Weltsicht. Bücher über fremde Länder und deren Kulturen faszinierten sie seit ihrer Kindheit und weckten den Wunsch, eigene Erfahrungen in diesem Bereich zu erleben. Um diese Erfahrungen zu ermöglichen, ergriff sie einen Beruf in der Finanzbranche und arbeitet anschließend in der Finanz-IT- und Immobilienbranche. Ihre Erfahrungen in fremden Kulturen und im Business sammelte sie in über 30 Ländern der Welt und in mehr als 20 Staaten der USA.

Heute führt sie erfolgreich eine internationale Brokerage in Florida, modernisiert Immobilien und fokussiert sich auf die kulturellen Unterschiede im Alltagsleben und Business in der Karibik, den USA und Europa. Seit einigen Jahren publiziert sie ihre Erfahrungen in Büchern und im Internet. Sie lebt nach ihrem Lebensmotto „Tu es oder tu es nicht; es gibt kein Versuchen" (Star Wars – Yoda).

www.florida-dream-homes.net
www.andreahoffdomin.com
andrea@florida-informations.com

Inhalt

Sie haben eine Immobilie in Florida, die Sie verkaufen wollen – was nun?

Vor einigen Jahren auf dem Tiefpunkt der Immobilienmarktwerte stellten wir Ihnen in unserem Buch *Ihre Residenz im Paradies* das enorme Potential eines Immobilienkaufs in Florida vor. In dem damaligen Buch war der Fokus, Ihnen den Kauf einer Immobilie im schönen Sunshine State Florida nahe zu bringen.

Eine Immobilie – Haus oder Eigentumswohnung -, die ganz Ihrem Geschmack und Ihren Träumen entsprach, vorzustellen, war unser Ziel. Damals war vielleicht das Einfamilienhaus mit Pool und Bootsanleger mit direktem Zugang zum Atlantik Ihr Traum. Oder vielleicht war es eine Eigentumswohnung direkt am Ozean mit dem Blick auf die unendliche Weite des Meeres und die atemberaubenden Sonnenaufgänge am Morgen. Oder es war eine Immobilie am Intracoastal Waterway mit einem Bootsanleger und dem Blick auf die leuchtenden Lichter der City und dem Blick auf das Abendrot mit einem Glas Champagner in der Hand.

Was immer Ihr persönlicher Traum damals war, unser ganzes Leben ist ständig in Bewegung und unsere Träume und Vorstellungen vom Leben ändern sich ständig. Was Ihnen heute gefällt, ist morgen nicht mehr so wichtig oder Sie entdecken ein neues Ziel, dass Sie jetzt lockt und mit magischer Kraft anzieht.

Ein weiteres Ziel kann auch sein, Sie wollen jetzt Ihren Gewinn vom damaligen Immobilienkauf realisieren. Das ist verständlich und nachvollziehbar. Sie brauchen sich für dieses Gefühl nicht zu schämen, es handelt sich lediglich um eine Businessentscheidung. Es ist genauso zu verstehen, als wenn Sie eine Aktie günstig kaufen und nach der Kurssteigerung wiederverkaufen.

Vielleicht haben Sie Ihre Traumimmobilie gekauft, als die Immobilienwerte im Keller waren. Nach dem Platzen der Immobilienblase waren die Marktwerte stark gesunken und Häuser und Eigentumswohnungen konnten zu 40 bis 60 % des Marktwertes erstanden werden. Diese Immobilien waren damals Schnäppchen und wenn Sie es seinerzeit klug angefangen haben, dann sicherten Sie sich ein solches Schnäppchen. Heute können Sie dieses Schnäppchen teuer verkaufen und den Gewinn einstreichen.

Wenn Sie mit der Idee liebäugeln, Ihr Heim jetzt wieder zu Geld zu machen, dann ist dieses Buch für Sie ein guter und einfacher Ratgeber für den Einstieg in diese Materie. Das Buch wird Ihnen helfen, zu verstehen, was Sie in einer solchen Transaktion erwartet und wie Sie sich am besten darauf vorbereiten. Sie wollen sicher erfolgreich sein und den bestmöglichen Verkaufspreis für Ihre Immobilie erzielen.

Sie sollten allerdings nicht den Fehler eines Alleingangs machen. Sie sind der Eigentümer einer Immobilie im Ausland und Sie unterliegen bei diesem Verkaufsvorhaben den Immobiliengesetzen des Landes, in dem Ihre Immobilie liegt. Für Sie als ausländischer Immobilieneigentümer gelten meist andere Regeln, Gesetze und Steuern als für einen Immobilieninländer. Außerdem sind auch die Regeln Ihres Heimatlandes zu berücksichtigen, wenn Sie den Verkaufserlös der Immobilie in Ihre Heimat transferieren.

Um die für Sie geltenden Regeln und Gesetze nicht zu verletzen, ist ein Team von lokalen Spezialisten in dem Land des Immobilienbesitzes – in unserem Fall Florida – unabdingbar. Dieses Buch wird Ihnen aufzeigen, was Sie zu berücksichtigen haben und welche lizensierten Experten Sie benötigen.

Dieses Buch ist kein Do-it-yourself Guide und es ersetzt keinesfalls eine Beratung durch einen amerikanischen Anwalt oder einen amerikanischen Steuerberater. Rechtliche Beratung sowie Steuerberatung ist nicht der Inhalt dieses Buches und es darf auch nicht so verstanden werden. Das Buch kann Ihnen allerdings sehr wohl helfen, offene Fragen in Ihrer individuellen Verkaufstransaktion heraus zu finden und mit dem entsprechenden Fachexperten zu diskutieren. Das hilft schlaflose Nächte vermeiden und Ihren Gewinn beim Immobilienverkauf zu optimieren.

Dieses Buch zeigt Ihnen, wie Sie die richtige Entscheidungsstrategie und den richtigen Zeitpunkt wählen sowie die richtigen Partnern vor Ort finden.

Lassen Sie uns Ihr Projekt starten und lesen Sie

Immobilienverkauf im Ausland Globaler Immobilienverkauf am Beispiel Florida.

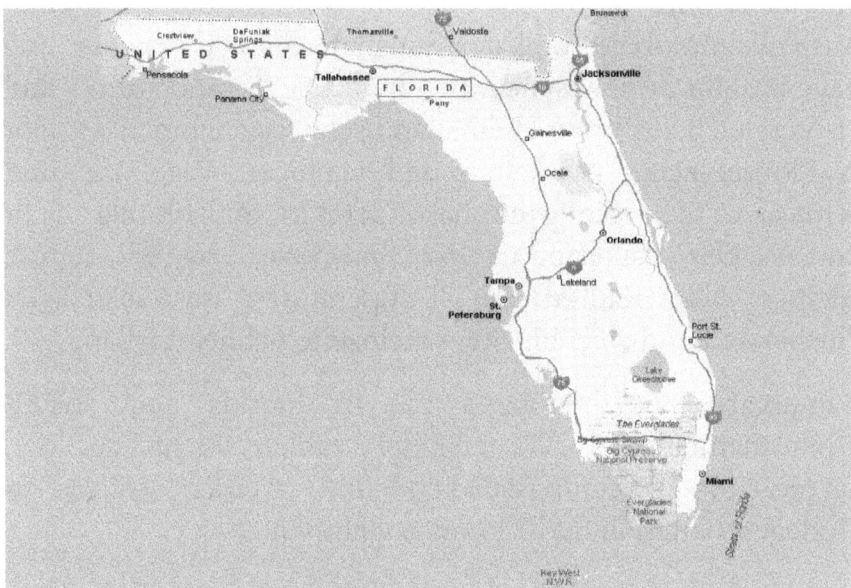

Treffen Sie die richtige Vorbereitung für den Verkauf Ihres Heims in Florida

In meinem ersten Buch habe ich Ihnen die Immobilienkauf-transaktion und die Immobilienarten in einem fremden Land – Florida - nahegebracht. Wir haben gemeinsam die Reise zu Ihrer Traumimmobilie virtuell erlebt und mit Ihnen gemeinsam den Weg zu Ihrer neuen Residenz beschritten.

Auf dem Weg bis zum Eigentum Ihres Heims sind wir den Weg gemeinsam gegangen und haben Ihnen die Hürden und Fallstricke gezeigt. Jetzt werden wir den Weg umgekehrt beschreiten und wir begleiten Sie auch bei diesem Vorhaben. Ziel dieses Projektes ist es, Ihre Immobilie zum höchstmöglichen Preis zu verkaufen.

Um den für Sie besten Weg für den Verkauf Ihres Heims zu finden, lassen Sie uns zunächst noch einmal zurückschauen, welche Motivation seinerzeit für den Kauf Ihrer Traumimmobilie bestimmend war.

Florida ist oder war für Sie die erste Wahl für den Kauf einer Auslandsimmobilie, weil der Sunshine State Ihnen fast 365 Tage im Jahr Sonnenschein beschert. Die Temperaturen sind im Vergleich zu Ihrem Heimatland sehr angenehmen. Es gibt in Florida keine nasskalten und windigen Tage. Eis und Schnee werden Sie ganz besonders in Süd-Florida nicht finden. Das Kälteste an der Südspitze, das wir jemals erlebten, war Raureif mit Temperaturen im einstelligen Plusbereich und zwei bis drei vereinzelte Schneeflocken.

Wintergarderobe benötigen Sie in Florida auch nicht, Wintermäntel und Winterstiefel zählen nicht zu den bevorzugten Kleidungsstücken und werden selten in Modegeschäften in Süd-Florida angeboten.

Allerdings benötigen Sie von Zeit zu Zeit einen Regenschirm. Manchmal regnet es und das sogar heftig, aber dieser Regenschauer ist meist mit einer leichten Dusche zu vergleichen. Die Temperaturen fallen kaum während eines Regenschauers, sondern es bleibt angenehm warm.

Trotzdem ist Florida oder der Immobilienbesitz im Ausland ist nicht für jeden der Himmel auf Erden. Vielleicht vermissen Sie ab und zu den Wechsel der Jahreszeiten, den Sie hier in Florida kaum finden werden. Oder das Heimweh nach Freunden und Familie packt Sie und Ihr schönes Traumhaus verliert seinen Reiz. Sie wollen heim zu Ihren Lieben.

Vielleicht war Florida für Sie bisher das bevorzugte Urlaubsziel, weil Sie kleine Kinder hatten und mit ihnen die vielen Attraktionen besuchten. Oder Sie haben die tropische Landschaft im Sunshine State genossen mit ihren vielen bunten Blumen und den vielen Tieren, die in Ihrem Garten zu Besuch waren. Aber dieses Lebensgefühl hat sich geändert und die Immobilie entspricht nicht mehr Ihrem heutigen Lebensstil.

Wenn Sie vor ungefähr zehn Jahren Ihre Immobilie gekauft haben, hat vielleicht der Immobiliencrash und der Verfall der Marktwerte Ihre damalige Kaufentscheidung bestimmt. Sie konnten seinerzeit hochwertige Luxushäuser zu Minipreisen erwerben. Ein weiterer großer Vorteil war der günstige Umrechnungskurs Euro zu US-Dollar und dieser half Ihnen beim preisgünstigen Erwerb Ihrer Traumimmobilie.

Als Teil der Vereinigten Staaten ist Florida ein sehr sicheres Land und die Immobiliengesetze für ausländische Eigentümer sind sehr vorteilhaft. Aufgrund der öffentlichen und lückenlosen Dokumentation der Immobilieninformationen konnten Sie sicher sein, was Sie kaufen.

Auch die persönliche Sicherheit wird in Florida großgeschrieben. Der Sunshine State ist das Touristenzentrum in der Vereinigten Staaten und die Regierung von Florida tun alles, damit diese so bleibt.

Während Ihrer Zeit als Immobilieneigentümer haben Sie sicher viele Freunde und angenehme Nachbar kennen gelernt und pflegen gute Kontakte miteinander. Die Amerikaner sind sehr freundlich und begrüßen jeden neuen Nachbarn und diese guten nachbarschaftlichen Verbindungen können Ihnen jetzt bei Ihren Verkaufsvorhaben von großem Nutzen sein. Es liegt Ihnen sicher daran, dass Sie nicht nur einen hervorragenden Preis für Ihre Immobilie erzielen, sondern auch das der neue Eigentümer Ihr Heim zu schätzen weiß. Das sind jedenfalls meine Erfahrungen als Immobilienbroker.

Nach diesem kleinen Exkurs werden wir jetzt gemeinsam das Projekt Immobilienverkauf in Angriff nehmen. Um die richtige Listingpreisentscheidung und Ihre Verhandlungsbereitschaft bei der Transaktion festzulegen, ist es wichtig, dass Sie sich an Ihr ursprüngliches Ziel beim Kauf der Immobilie erinnern und auch Ihr zukünftiges Ziel im Auge haben. Mit diesem Abgleich Ihrer Vorstellungen definieren Sie Ihr Verkaufstransaktionsziel und legen die bestmögliche Strategie für die erfolgreiche Umsetzung fest.

Und los geht's mit Ihrem Vorhaben:

Immobilienverkauf im Ausland Globaler Immobilienverkauf am Beispiel Florida.

Besitzen Sie ein Haus oder eine Eigentumswohnung?

Um dem Projekt Verkauf Ihrer Traumimmobilie die richtige Richtung zu geben, sind zunächst einige Details zusammenzutragen. Diese Details beinhalten neben der Art der Immobilie – Haus oder Wohnung – auch Informationen über die Lage und den Zustand der Immobilie.

Lassen Sie uns also beginnen. Da Sie Ihr Traumhaus bereits einige Jahren besaßen, handelt es sich auf keinen Fall um eine Neubauimmobilie. Sobald ein Eigentümer für eine Immobilie in den öffentlichen Registern eingetragen ist, handelt es sich bei der Transaktion um ein Resale oder Wiederverkauf, auch wenn Sie in dem Haus nie selbst gewohnt haben.

Eine Neubauimmobilie kann nur von einem Developer oder auch Bauunternehmer verkauft werden. Auch wenn Sie die Immobilie für sich selbst gebaut haben, ist es eine Resaletransaktion, denn in diesem Fall sind Sie quasi der Bauunternehmer in Eigenregie.

Ein wichtiges Detail im Zusammenhang mit der Immobilie ist auch, wann Ihre Immobilie gebaut wurde und wie die Konstruktion ist. Handelt es sich um ein massiv gebautes Haus oder besitzen Sie ein Trailerhome?

Ja, es gibt sie noch - die Trailerhomes - und sie werden auch so schnell nicht verschwinden. Allerdings sind solche Häuser schwerer zu verkaufen als Massiv-Häuser. Der Preis für solche mobilen Häuser liegt meist unter $50,000 und es sind nur wenige Real Estate Professionals bereit, für solche preisgünstigen Immobilien tätig zu werden. Es ist für einen Immobilienspezialisten nicht ausreichend Kommission zu verdienen. Der Verkäufer muss daher in vielen Fällen mit einem festen Kommissionbetrag zu rechnen, der sich nicht am erzielten Verkaufspreis orientiert. Aber auch in einem solchen Fall sollten Sie nicht den Do-it-yourself-Weg beschreiten oder auf einen dubiosen nicht lizensierten Makler hereinfallen. Details, wie Sie einen kompetenten Real Estate Professional finden, können Sie in den Kapiteln über die Dienstleistungen der Immobilienspezialisten und ihre Kenntnisse sowie ihre Zusatzausbildungen nachlesen.

Wie bereits dargelegt, handelt es sich bei Ihrem Immobilienverkauf um eine Resaletransaktion und Sie als Verkäufer haben einige Offenlegungspflichten, die Sie unbedingt beachten sollten. Wenn Sie dies nicht tun, riskieren Sie, dass die Verkaufstransaktion nach dem Abschluss und Auszahlung des Geldes annulliert wird, weil Sie wichtige Informationen verschwiegen haben und der Käufer sich getäuscht fühlt. Glauben Sie mir, bei einem Immobilienverkauf gilt *ehrlich währt am längsten*, anderenfalls befinden Sie sich schneller vor Gericht als Ihnen lieb ist. Ich spreche hier aus Erfahrung und habe diverse Problemfälle bearbeitet, die sich hätten vermeiden lassen, wenn der Verkäufer offen gewesen wäre und seinen Immobilienexperten entsprechend informiert hätte.

Bitte widerstehen Sie auch dem Verlangen, sich einen Standardverkaufsvertrag aus dem Internet herunter zu laden oder von einer nicht lizensierten Person bereitstellen zu lassen, weil Sie ohne die notwendigen Kenntnisse für die Benutzung dieser Verträge ein unnötiges und vielleicht sogar kostspieliges Risiko eingehen. Ein lizensierter und vertrauenswürdiger Real Estate Professional wird Ihnen einen solchen Vertrag niemals blanko bereitstellen, weil er bei Fehlern der Benutzung des Vertrages haftet. Auf jedem dieser Standvertragsformular ist nämlich der Vertragsnutzer hinterlegt und kann bei einer kriminellen Handlung schnell ausfindig gemacht werden.

Ihr Heim verfügt sicher über einige vorteilhafte Eigenschaften, die für den Verkaufserfolg und die Höhe des zu erzielenden Verkaufspreises entscheidet sein können.

Zu solchen Details gehören unter anderem die gut erhaltene Bausubstanz, die gepflegten Außenanlagen und der Standort Ihrer Immobilie.

In den Bereich Bausubstanz fällt zum Beispiel die Instandhaltung der Immobilie. Als Sie das Haus einst kauften, war es entweder renoviert oder Sie haben es selbst renoviert. Welche Renovierung haben Sie durchgeführt? Waren es nur Küche und/oder Bad, die Sie renovierten oder haben Sie eventuell auch Fenster und Türen an den neuesten Baucode angepasst? Haben Sie die notwendigen Baugenehmigungen beantragt und sind diese ordnungsgemäß von der Stadt abgenommen worden?

Wenn Sie ein Bootsdock und Zugang zu einem Kanal haben, ist es wichtig, dass Sie die Details für dieses Immobilienfeature heraussuchen und für den Verkauf parat haben. Wann wurde Ihr Bootsdock gebaut? Wie tief ist der Kanal? Welche Vorgaben macht die Stadt für die Größe des zugelassenen Bootes? Wie groß ist der Regierabstand für die zugelassenen Boote?

Vielleicht haben Sie auch einen Pool nach dem Kauf im Garten gebaut und das Deck des Pools ist besonders aufwendig mit hochwertigen Materialen gebaut. Ist der installierte Pool Baucode gerecht gesichert?

Oder Sie haben Ihren Patio (Terrasse) renoviert und anschließend mit einem sogenannten Screening (Insektengitter) versehen oder Sie haben eine Markise im Patiobereich, die Ihr Nachbar nicht hat. Wann haben Sie dieser Veränderungen vorgenommen?

Auf weitere Details in diesem Bereich werden wir in einem der nächsten Kapiteln noch eingehen, wichtig ist allerdings, dass Sie möglichst viele positive Elemente Ihrer Immobilie zusammentragen. Mit diesen positiven Features können Sie aus dem Marktangebot der Immobilien herausstechen und mehr potentielle Käufer anlocken.

Es versteht sich von selbst, dass die von Ihnen als positiv gesehenen Hauseigenschaften im Innenbereich und auch im Außenbereich für den Verkauf im Bestzustand sind.

Unter dem Begriff Standort Ihrer Immobilie verstehen wir nicht nur die tatsächliche Lage, sondern auch, ob sie in einer Hauseigentümergemeinschaft liegt, die die Verkaufs-transaktion beeinflussen kann.

Die physische Lage Ihrer Immobilie bestimmt, an welche Art von Kunden Sie sich wenden sollten. Wenn Ihre Immobilie zum Beispiel an einem Kanal liegt, werden die besten Kunden für Sie Bootsbesitzer sein, die eine Zugang zum offenen Wasser suchen. Eine Familie mit Kindern wird allerdings eher auf einen Pool mit entsprechender Ausstattung Wert legen und sind meist nicht an einem Bootsdock interessiert.

Wenn Ihre Immobilie in einer Hauseigentümergemeinschaft liegt, ist es dringend zu empfehlen, die entsprechenden Dokumente der Gemeinschaft zusammenzutragen sowie die Unterlagen bezüglich der Gemeinschaftszahlungen zu besorgen. Ein potentieller Käufer muss diese Dokumente einsehen können, bevor er ein entsprechendes Kaufangebot für Ihre Immobilie abgibt. Für eine solche Dokumentensichtung hat der Käufer nur ca. 3. Tage Zeit. Innerhalb dieses Zeitraums muss er sich entscheiden, ob er mit den Regularien der Gemeinschaft einverstanden ist und danach leben möchte oder nicht.

Diese Hauseigentümergemeinschaftsunterlagen gibt es übrigens nicht nur bei Hausgemeinschaften, sondern auch bei den Eigentumswohnungskomplexen (Condominium). Bei Eigentumswohnungen sind die Dokument noch wichtiger als bei den Hauseigentümergemeinschaften, weil bei den Eigentumswohnungsgemeinschaften noch einige zusätzliche Regularien zu berücksichtigen sind.

Diese Regularien beinhalten häufig Vorschriften, wieviel der neue Wohnungseigentümer verdienen muss und ob die Eigentumswohnungsgemeinschaft ein Vorkaufsrecht hat. Mit diesem Vorkaufsrecht soll verhindern, dass eine Eigentumswohnung aufgrund einer Notlage unterhalb des Marktwertes verkauft wird und so den Marktwert der übrigen Eigentumswohnungen negativ beeinflusst. Das bedeutet konkret, dass die Eigentümergemeinschaft die Wohnung kaufen kann zum Immobilienmarktpreis und diese Wohnung anschließend auf dem Markt veräußern kann, um den Kaufpreis wieder auszugleichen.

Außerdem überzeugt sich die Eigentümergemeinschaft von der finanziellen Basis des Käufers, in dem sie einen sogenannten Backgroundcheck durchführt. Der Käufer muss finanziell in der Lage sein, seiner Verpflichtung der Hausgeldzahlung nachzukommen. Damit soll verhindert werden, dass bei Nichtzahlung des Hausgeldes die Gemeinschaft einspringen muss.

Während der Immobilienkrise in 2008 und den Folgejahren war das Nichtzahlen von Hausgeldern ein Hauptgrund für die Zwangsversteigerung durch die Eigentümergemeinschaften. Je mehr Eigentümer insolvent werden, desto höher wird der Zahlungsdruck auf die anderen Eigentümer und das ist für die Gemeinschaft nicht tolerierbar.

In diesem Zusammenhang ist auch unbedingt seitens der Eigentümergemeinschaft mitzuteilen, ob in naher Zukunft mit größeren Renovierungen oder Modernisierungen im Wohnkomplex zu rechnen ist und für die der neue Eigentümer zahlungspflichtig sein wird.

Unter solchen Modernisierungen werden Maßnahmen an den Außen- und Innenanlagen verstanden, die von allen Miteigentümern genutzt werden. Diese Kosten sind nicht immer aus den Hausgeldzahlungen zu decken und erfordern häufig Sonderzahlungen von den jeweiligen Eigentümern. Ein Käufer muss über solche bevorstehenden Investitionen während der Transaktion informiert werden.

Ein weiteres wichtiges Detail ist die unterschiedliche Verwaltungsart bei Eigentumswohnungen, die die Verkaufstransaktion beeinflussen und verzögern kann.

Es gibt Eigentumswohnungskomplexe, in denen jedem Wohnungseigentümer genau eine bestimmte Wohnung zugeordnet ist. Der Eigentümer ist in diesem Fall genau für diese Wohnung in allen öffentlichen Registern als Eigentümer eingetragen und er kann diese spezielle Wohnung als Sicherheit für einen Immobilienkredit hinterlegen.

Es gibt allerdings auch Eigentumswohnungskomplexe, die in Form einer Genossenschaft organisiert sind. In diesem Fall gehören alle im Komplex vorhandenen Wohnungen der Genossenschaft und der Eigentümer ist nur ein Anteileigentümer an dem gesamten Eigentumswohnungskomplex.

Wenn der Wohnungseigentümer einen Kredit benötigt für den Erwerb einer solchen Immobilie, dann kann er die Eigentumswohnung nicht als Sicherheit hinterlegen. Er besitzt schließlich nur einen Anteil am Gesamtvermögen der Genossenschaft und nicht eine bestimmte Eigentumswohnung. Diese Verwaltungsart ist daher nicht sehr beliebt bei Wohnungskäufern.

Nach diesem Exkurs über Eigentümergemeinschaft möchten wir jetzt einige Informationen zum Verkauf von Eigentumswohnungen einflechten.

Bei einer Eigentumswohnung beschränken sich die notwendigen Details bezüglich Renovierung und Modernisierung auf den Bereich Ihrer eigenen vier Wände. In diesem Zusammenhang sollten Sie so detailliert wie möglich die Vorzüge und den Zustand Ihrer Wohnung hervorheben. Wenn Sie zum Beispiel kürzlich Ihr Bad renoviert haben, dann kann diese das Interesse bei Käufern wecken und auch den Preis der Immobilie positiv beeinflussen.

Wie bereits erwähnt, werden Renovierungen und Modernisierung von Fenstern und Türen häufig von den Eigentümergemeinschaften veranlasst und der individuelle Eigentümer der Wohnung hat keinen Einfluss darauf. Allerdings können neue Fenster ebenfalls ein gutes Verkaufsargument sein. Es kommt auf die richtige Darstellung an.

Ein Highlight, das ganz sicher das Käuferinteresse weckt, sind die sogenannten Akkordion-Hurrikanshutter, die nicht nur die Fenster, sondern häufig auch Ihren Balkon umfassen. Diese Shutter sind abschließbar und sind nicht nur ein Schutz vor dem Wetter, sondern Schützen auch Ihre Balkonmöbel, wenn Sie diese draußen lassen.

Wichtig bei Eigentumswohnungen ist zum Beispiel auch, wie viele Parkplätze zu der Eigentumswohnung gehören und wo diese Parkplätze sind. Manchmal besitzen die Parkplätze einen eigenen Deed (Eigentumsurkunde) und diese muss zusätzlich zum Eigentum an der Eigentumswohnung übertragen werden.

Alle diese Informationen sowie die Kosten für Wasser, Strom und Hausgeld sollten Sie vor dem Listing der Immobilie zusammentragen und bereithalten, um späteren Verzögerungen im Ablauf der Transaktion vorzubeugen.

Zum Abschluss dieses Kapitels noch einige Definition im Zusammenhang mit Immobilien, die Sie kennen sollten als ausländischer Immobilienverkäufer, damit es nicht zu Verständigungsproblemen kommt mit Ihrem Immobilienfachmann.

Bei einer Villa handelt es sich in Florida nicht um ein großes Haus auf einem großen Grundstück, sondern um ein eingeschossiges Reihenhaus mit zwei oder drei Schlafzimmern und zwei Badezimmern. Solche Villas haben meist keine Garage und nur ein oder zwei Außenstellplätze für Fahrzeuge vor dem Haus.

Wenn Sie den deutschen Begriff *Villa* nehmen, dann entspricht dieser in Florida der Bezeichnung Mansion und solche Häuser sind mit vielen Luxusattributen ausgestattet. Ein großes Grundstück mit Pool und meist auch Bootsdeck sind Standardfeatures.

Ein Townhouse ist ein mehrgeschossiges Reihenhaus. In einem solchen Haus gibt es häufig eine Garage im Erdgeschoss, in der sich auch wichtige Hausausstattungsgeräte befinden wie zum Beispiel Waschmaschine, Trockner, Heißwassertank und Klimaanlage. Der Schlaf- und Wohnbereich ist häufig ab der zweiten Etage.

Eine weitere Immobilienart sind Eigentumswohnungen in Form eines Reihenhauses, aber diese Wohnungen haben kein eigenes Grundstück, sondern das Grundstück gehört der Eigentümergemeinschaft. Diese Immobilie hat meist auch keine Garage, sondern nur Autostellplätze vor dem Objekt. Es handelt sich daher um eine Eigentumswohnung und nicht um ein Haus.

Das Zählen der Etagen beginnt mit dem Erdgeschoss. Das Erdgeschoss erhält die Zahl Eins und dann wird hochbezahlt. Die Zahl Null als Erdgeschoss gibt es nicht.

Auf Basis dieser Informationen ist es Ihnen sicher möglich eine Einordnung Ihres Heims vorzunehmen und sich entsprechend auf Ihr Verkaufsprojekt vorzubereiten.

Ist Ihre Immobilie in Florida Ihr Zweitwohnsitz?

Um das Projekte Verkauf Ihrer Immobilie in die richtige Richtung zu lenken, sind wir zunächst einige Details im Zusammenhang mit Ihrem Heim durchgegangen. Bei diesen Details ging es um grundlegende Fakten, die mit Ihrer Immobilie zusammenhängen.

In diesem Kapital befassen wir uns näher mit den Details über die Nutzung Ihrer Immobilie, daher auch die Frage, ob es sich um eine Zweitwohnung oder Feriendomizil handelt.

Wenn Sie hier in Florida wohnen und arbeiten, dann wird Ihre Immobilie nicht als Zweitwohnsitz fungieren, sondern die sogenannte Primary Residence – Erstwohnsitz - sein. Sie denken, dass diese Frage für Sie nur von untergeordneter Bedeutung ist? Dann sollten Sie jetzt besser genau lesen, denn es könnte wichtig für Sie sein und Sie mehr oder weniger Geld kosten.

Die Primary Residence hat nämlich eine andere steuerliche Betrachtung als eine Zweitwohnung oder in diesem Fall eine Investmentimmobilie. In diesem Zusammenhang ist außerdem wichtig, ob Sie eine Green Card besitzen oder ob Sie US-Staatsbürger sind. Wenn dies nicht auf Sie zutrifft, dann sind Sie ein Alien und unterliegen der FIRPTA Steuerregelung.

Bitte beachten Sie, diese und alle nachfolgenden Details zu Steuerthemen sind lediglich Informationen im Zusammenhang mit diesem Buch und stellen keine steuerliche Beratung dar. Für Ihre individuellen Steuerfragen ist die Beratung mit einem internationalen Steuerberater unbedingt anzuraten, schon deshalb, weil die Steuergesetze häufig angepasst werden. Für Sie können sich dadurch Steuerbedingungen ändern.

FIRPTA bedeutet **F**oreign **I**nvestment in **R**eal **P**roperty **T**ax **Act**. Diese Steuerregelung besagt, dass jeder ausländische Immobilienverkäufer 10 % Steuer zu zahlen hat, berechnet auf den Verkaufspreis der Immobilie., wenn der Käufer diese Immobilie als seine Primary Residence nutzt.

Im Februar 2016 ist der Steuersatz für diese Steuerregelung geändert worden. Unter Umständen kann diese Steuer vermieden werden oder Sie müssen mehr als 10 % zahlen, Details folgen. Bei einem Verkaufspreis von weniger als $300,000 kann diese Steuer sogar vermieden werden, wenn der Käufer die Immobilie als Erstwohnsitz nutzt.

Diese Ausnahmeregel wird aber aufgrund der strengen Straf- und Haftungsmaßnahmen in den Vereinigten Staaten im Zusammenhang mit dem Steuerrecht von den Title Gesellschaften nicht praktiziert und Sie müssen davon ausgehen, dass Sie diese 10 % erstmal zahlen. Allerdings können Sie diese Steuer im Jahr nach dem Verkauf von der Steuerbehörde – der IRS Internal Revenue Service - zurückfordern, indem Sie eine US-Steuererklärung abgeben.

Wenn Sie Fragen haben oder nicht wissen, wo Sie anfangen sollen oder Adressen von kompetenten Steuerberatern benötigen, dann schreiben Sie bitte an die Emailadresse am Ende dieses Buches. Wir helfen Ihnen gern.

Ist der Kaufpreis grösser als $300,000 und kleiner als $1,000,000, so fällt diese 10 % Steuer an und kann auch nicht zurückgefordert werden, auch wenn Sie eine Steuererklärung abgeben. Für Immobilie, die mehr als $1,000,000 kosten, erhöht sich die Steuer auf 15 % und es spielt keine Rolle, ob der Käufer diese Immobilie als Primary Residence nutzt oder nicht.

Diese FIRPTA Steuer gilt nur für Foreign Nationals. Für US-Bürger ist der Verkauf der Primary Residence innerhalb bestimmter Grenzen steuerfrei. Ein US-Bürger kann sein Haus alle fünf Jahren steuerfrei verkaufen, wenn er in dem Haus für mindestens 24 Monate gelebt hat und wenn der Verkaufsgewinn des Hauses nicht die Freigrenze überschreitet.

Sollten Sie Ihre Immobilie als ein Investment betrachtet und Einkommen erzielt haben in Form von Mieten, dann sollten Sie einen solchen Verkauf unbedingt mit einem Steuerberater besprechen. Hier gelten andere Regelungen wie bei Eigennutzung. Wenn Sie eine solche Investmentimmobilie verkauft haben, um eine andere zu kaufen, gibt es hier Sonderregelungen, die die Steuerpflicht reduzieren oder verzögern können.

Neben der steuerrechtlichen Betrachtung ist die Unterhaltung wie zum Beispiel Garten- und Poolpflege zu berücksichtigen und Reparaturen für Hausgeräte, wenn die Immobilie als Zweitwohnsitz genutzt wurde. Solche Kosten, die während des Eigentums entstanden sind, sind bei der Ermittlung des zu versteuernden Verkaufsgewinns zu berücksichtigen.

Außerdem dienen die vorstehenden Kosten auch als Information für den Käufer, welche Kosten auf ihn zukommen, wenn er Ihre Immobilie kauft. Ein wichtiger Posten in diesem Zusammenhang ist die Klimaanlage. Diese muss aufgrund der klimatischen Bedingungen das gesamte Jahr laufen und das verursacht Kosten, die für einen Käufer interessant sein können, besonders, wenn er die Immobilie ebenfalls als Zweitwohnsitz nutzt. Bitte halten Sie diese Informationen bereit für Ihren potentiellen Käufer.

Auch werden Sie eine Zweit- oder Ferienwohnung selten in der gleichen Weise instand halten wie Ihren Erstwohnsitz. Dadurch können sich Renovierungsanforderungen ergeben, die bei Ihrem Verkauf als kaufpreismindernd zu Buche schlagen. Machen Sie sich eine Liste über alle Dinge, die eventuell einem Käufer nicht gefallen könnten und kalkulieren Sie anfallenden Kosten. Ob Sie später Geld dafür ausgeben und diese Mängel beheben oder lieber den Kaufpreis mindernd, ist in diesem Stadium noch nicht relevant.

Dies sind nur einige Hinweise, die bei einem Verkauf einer Immobilie im Voraus zusammen zu tragen sind, damit der Immobilienfachmann gut vorbereitet für den ersten kaufwilligen Kunden ist und den bestmöglichen Verkaufspreis ermitteln kann.

Welche Gründe haben Sie für den Verkauf?

Vorstehend haben wir die ersten beiden Schritte auf dem Weg zu einem erfolgreichen Verkauf der Immobilie genommen.

Wir haben begonnen mit dem Zusammentragen der Immobiliendetails und wir haben die erste Evaluierung der Steuer und Verkaufspreisbetrachtungen durchgeführt. Jetzt ist es Zeit, Ihre Verkaufsmotivation genauer zu betrachten. Die einfache Entscheidung *nur weg mit der Immobilie* ist nicht unbedingt richtig und Sie lassen vielleicht viel Geld auf dem Tisch.

Damit Ihr Immobilienverkauf ein Erfolg für Sie wird, ist das richtige Timing für Ihren Verkauf enorm wichtig. Nicht jeder Zeitpunkt ist gleich gut für den größtmöglichen Verkaufserlös.

Es gibt besonders in Florida Zeitpunkte, an denen eine Immobilie mehr Interessenten anlockt und schneller verkauft wird als an anderen. Der Grund dafür ist nicht nur die allgemeine Immobilienmarktlage, sondern auch der verfügbare Käuferpool für Ihre Immobilie.

Florida ist ein Ferienparadies und die Hauptreisezeit ist vom Ende der Hurrikansaison -Ende November - bis Ostern. In dieser Periode sind mehr potentielle Käufer aus aller Welt in Florida als zu anderen Zeiten. Diese Käufer sind oft auf der Suche nach einer Zweitwohnung oder einer Investmentimmobilie. Bei Ihrer Entscheidung für den Verkauf ist dieser Zeitraum sehr vorteilhaft.

Neben dieser Betrachtung ist für die Verkaufspreisbetrachtung auch wichtig, welche persönlichen Motive Sie für den Immobilienverkauf haben und wie schnell

Sie die Transaktion abschließen wollen. Auf dieser Basis ist der Verkaufspreis zu gestalten und die anschließende Verkaufsverhandlung von Ihrem Real Estate Professional zu führen.

Mit einem klaren Ziel bezüglich Verkaufspreis und Zeitrahmen für die Transaktionen können Sie und Ihr Immobilienfachmann eine sehr lukrative Immobilientransaktion vorbereiten und abschließen.

Lassen Sie uns jetzt einige Motivationen detaillierter betrachten und deren Auswirkungen auf den Erfolg der Transaktion bewerten.

Sie wollen eine größere Immobilie

Vielleicht besitzen Sie derzeit eine Eigentumswohnung und wollen, jetzt ein Haus. Oder Ihr jetziges Haus hat nur zwei Schlafzimmer und ein Badezimmer und jetzt vergrößert sich Ihre Familie mit einem weiteren Kind und Sie benötigen mehr Platz. Oder Ihre Mutter oder Vater kann nicht mehr allein leben und Sie wollen Ihr Elternteil bei sich im Haus aufnehmen.

Wenn Ihre Familie wächst, so ist es entscheidet, wer Ihre neuen Familienmitglieder sind. Bei Kindern sind die Anforderungen an die nächste Immobilie andere als wenn Sie Ihr Elternteil in der Immobilie aufnehmen.

Bei Kinderfamilienzuwachs kann Ihr nächstes Heim ein mehrgeschossiges Haus oder ein Townhouse sein. Wenn hingegen Ihr Elternteil einzieht, ist es meist angenehmer, wenn keine Treppen zu steigen sind, um das Zimmer zu erreichen.

Wie auch immer Ihre angestrebte neue Immobilie aussieht, Sie werden mehr Geld auf den Tisch legen für den Kauf und gegebenenfalls einen größeren Kredit aufnehmen müssen.

Wenn Sie preislich nicht mehr ausgeben wollen als Sie für Ihre Immobilie erlösen, dann werden Sie nach einer Immobilie suchen müssen, die renoviert oder modernisiert werden muss. In einem solchen Fall werden Sie das sogenanntem Schweiß-Geld oder Muskelkraft für den Kauf miteinsetzen und viele Renovierungsaufgaben selbst erledigen.

Unter dieser Prämisse ist das Ziel für den Verkaufspreis *so viel wie möglich*. Um dieses Ziel zu erreichen, muss die zu verkaufende Immobilie in exzellentem Zustand sein, damit der zukünftige Eigentümer keine Argumente für die Reduzierung des Kaufpreises findet.

Außerdem muss der gewünschte Immobilienpreis so kalkuliert werden, dass dieser innerhalb des Nachbarschaftsmarktwertes liegt. Jeder Listingpreis (Verkaufspreis, der auf den Marketingseiten angezeigt wird), der nicht innerhalb der Bandbreite des Nachbarschaftsmarktwertes liegt, wird die Transaktion positiv oder negativ beeinflussen, je nachdem wie der Listing gestaltet ist.

Wie Sie Ihre Preisvorstellung definieren, sollten Sie unbedingt gemeinsam mit Ihrem Immobilienexperten definieren. Weitere Details finden Sie im Kapitel Liquidierung Ihrer Immobilie.

Sie wollen eine kleinere Immobilie

Der Grund Ihre Immobilie zu verkaufen und eine neue zu erwerben kann auch sein, dass Ihre Kinder ausgezogen sind und eine eigene Familie gründen. In einem solchen Fall kann der jetzige Florida Immobilienmarkt (2017) eine große Chance sein.

Wenn Sie zum Beispiel bis jetzt ein Haus mit mehr als zwei Schlafzimmern besessen haben und jetzt weniger Wohnraum benötigen, können Sie entweder ein kleineres Haus kaufen oder eine Eigentumswohnung. Es ist eine gute Auswahl aus Neubau und Resaleimmobilien vorhanden, die Ihre Vorstellung erfüllen werden.

Bei einem Haus werden Sie sich weiterhin um die Unterhaltung der Außenanlagen kümmern müssen, das heißt, Sie müssen Rasen mähen und Hecken schneiden und das ist vielleicht für Sie zu anstrengend oder zu langweilig.

In einem solchen Fall ist eine Eigentumswohnung für Sie sicher die bessere Lösung. Bei einer Eigentumswohnung erledigt die Eigentümergemeinschaft die Unterhaltung der Außenanlagen und Sie können getrost die Füße hochlegen und das Leben genießen.

Wenn Sie sich für eine Eigentumswohnung entscheiden und bereits älter als 55 Jahre sind, ist eine Wohnung in einer dieser 55+ Communities eventuell interessant. Diese Eigentumswohnungen sind häufig günstiger als Wohnungen in Communities ohne Altersregulierung.

Diese 55+-Communities sind meist sehr gepflegt und bieten alles was Sie sich wünschen: Tennisplätze, Golf, Swimmingpools und Gemeinschaftsaktivitäten. Außerdem ist häufig ein privater oder städtischer Busshuttleservice vorhanden, der Sie schnell und einfach zum nächsten Einkaufszentrum bringt.

Wie bereits oben erwähnt, sind diese Wohnungen günstiger und wenn Sie Ihre jetzige Immobilie verkaufen, werden Sie ein nettes Bargeldpolster haben, um Ihre neue Immobilie nach Ihrem Geschmack zu gestalten und zusätzlich haben Sie eine Reserve für Notfälle.

In einer solchen Verkaufssituation können Sie die Renovierung Ihrer Verkaufsimmobilie auf kosmetische Verschönerungen beschränken wie zum Beispiel die Wände streichen oder einen neuen Wasserhahn installieren. Vielleicht ist auch eine gründliche Reinigung ausreichend, weil Ihr Heim in einem guten Zustand ist.

In dieser Situation sind Sie etwas flexibler in den Preisverhandlungen und können damit die Verkaufstransaktion beschleunigen. Details zu der richtigen Preisgestaltung finden Sie in einem der folgenden Kapitel.

Sie sind Foreign National (Ausländer) und wollen nicht länger in Florida leben, weil Ihre Einstellung zum politische Umfeld sich geändert hat

Sie glauben, dies ist ein erfundener Grund? Das habe ich auch gedacht, aber jede politische Entscheidung hat eine Auswirkung auf den Kauf und Verkauf von Immobilien. Das zeigt das Verhalten der Kunden.

Eines ist gewiss, Florida ist ein Teil der Vereinigten Staaten und ist politisch stabil und Ihre Eigentümerrechte an einer Immobilie sind sehr sicher. Politische Veränderungen werden daran nichts ändern.

Derzeit sind aufgrund der wirtschaftlichen und politischen Lage alle Vorzeichen auf positive Entwicklung in allen wirtschaftlichen Bereichen gestellt. Die Immobilienpreise steigen. Neubauprojekte schießen aus dem Boden und finden reißenden Absatz. Und dort wo nicht genügend Neubauimmobilien vorhanden sind, finden Resaleimmobilien wachsenden Zuspruch.

Daher ist dieser Grund kein Argument für eine Verkaufsentscheidung. Ausschließlich Ihre persönliche Motivation darf das Entscheidungskriterium sein und der positive Immobilienmarkt.

Sie müssen umziehen, weil Sie einen neuen Job haben oder Ihre finanzielle Lage hat geändert

Dies ist ein sehr valider Grund für einen Verkauf einer Immobilie und kann jeden treffen, unabhängig davon, ob er foreign national oder US-Bürger ist.

Im Fall eines Jobwechsels kann es zum Beispiel sein, dass Ihr Arbeitgeber, Ihre Dienste nicht mehr benötigt, die Wirtschaftslage in der Branche hat sich verschlechtert, der Unternehmer kann sein Unternehmen nicht mehr halten und muss verkaufen. Fakt ist Ihre berufliche Aufgabe fällt weg und Sie können nichts dagegen tun.

Vielleicht gefällt Ihnen auch Ihre Aufgabe nicht mehr und Sie kündigen, um Ihren neuen Job in einer anderen Stadt anzutreten. Oder Sie werden krank und können Ihre bisherige Tätigkeit nicht mehr ausüben.

Was auch immer in Ihrem Fall zutrifft, eines ist bei allen Gründen gleich – Ihre finanzielle Basis ändert sich. Aufgrund dieser finanziellen Basis wird sich Ihr wirtschaftliches Umfeld und damit die Anforderung an Ihre Immobilie ändern. Ein Jobwechsel geht häufig mit einem Immobilienverkauf und Kauf an einem anderen Standort einher. Während die Veränderung der finanziellen Lage aufgrund einer Krankheit oder Jobverlust eher zu einem Umzug in eine günstigere oder kleinere Immobilie verbunden ist.

Neben den persönlichen Kriterien sind auch die Darlehensbedingungen zu berücksichtigen. Insbesondere bei einer finanziellen Notlage bedingt durch Jobverlust oder Krankheit kann nämlich ein sogenannter Short Sale für Sie die einzige Möglichkeit sein. Eine solche Transaktion ist kompliziert und langwidrige.

Ein entsprechend ausgebildeter Immobilienfachmann für Short Sale ist in diesem Fall die beste Wahl für Ihren Verkauf. Woran Sie einen solchen Fachmann erkennen, ist in den Kapiteln über die Real Estate Professionals zu finden oder Sie kontaktieren uns mit einer Email an die Adresse am Ende dieses Buches und wir helfen Ihnen bei der Suche.

Sie stehen vor Ihrer Scheidung und die Immobilie ist Teil des Ehevermögens

Auch dieser Grund ist ähnlich zu sehen wie der vorstehende Grund und in seiner Brisanz nicht zu unterschätzen. Wenn in diesem Zusammenhang Fehler bei der Abwicklung der Scheidung gemacht werden, kann der Immobilienverkauf im besten Fall erheblich verzögert werden und im schlechtesten Fall unmöglich sein.

Hier unsere mehrjährigen Erfahrungen in diesem Bereich, die Ihnen zeigen, warum es extrem wichtig ist, alle notwendigen Schritte in diesem Prozess zu absolvieren.

Wir erhielt den Auftrag eines Kunden, seine Immobilie zu verkaufen und unser erster Blick in einem solchen Fall sind die Steuerdaten der Stadt, in der die Immobilie liegt. Bei der Einsicht in die Dokumente stellte sich heraus, dass der Verkäufer nicht mit dem Eigentümer identisch war. Neben dem Verkäufer war noch dessen Ex-Frau eingetragen.

Aufgrund unserer Nachfrage teilte der Kunde mit, dass die Scheidung seit Jahren abgeschlossen und das Scheidungsurteil rechtskräftig und bei Gericht eingetragen sei. Unsere weiteren Recherchen bestätigten das teilweise. Die Ex-Frau war im Rahmen der Scheidung aus der Darlehenshaftung entlassen worden und nur unser Kunde war im Zusammenhang mit dem Darlehen der Eigentümer der Immobilie. Die Eheleute hätten allerdings die Berichtigung und die Umschreibung des Immobilieneigentums auch in den öffentlichen Registern durchführen müssen, aber das war unterblieben.

Wegen dieses Versäumnisses war die Ex-Frau noch immer Miteigentümer der Immobilie und musste deshalb dem Verkauf der Immobilie nicht nur zustimmen, sondern aktiv an diesem Prozess teilnehmen. Dazu war diese aber nicht bereit und die Immobilie ging schließlich in die Zwangsversteigerung mit allen negativen Folgen.

Wenn Sie in einer ähnlichen Situation den Verkauf Ihrer Immobilie anstreben, dann lassen Sie sich auf jeden Fall von einem Anwalt beraten und durchlaufen Sie alle notwendigen Schritte, bevor Sie die Immobilie an den Markt bringen.

Um das ganze Thema noch etwas zu würzen, der oben beschriebene Fall kann bereits während der laufenden Scheidung in abgewandelter Form auftreten. Besonders kompliziert wird es, wenn die Eheleute Bürger von verschiedenen Ländern sind zum Beispiel Amerikaner und Europäer. In diesem Fall sind häufig nicht nur die Immobiliengesetze betroffen, sondern auch Immigrationsrechte können eine Herausforderung sein. Ohne einen Anwalt läuft in einer solchen Situation gar nichts.

Vor einem solchen Hintergrund ist die Festlegung des Verkaufspreises und die Zusammenarbeit zwischen den Immobilieneigentümern und einen Immobilienfachmann nicht einfach. Es erfordert gemeinsame Anstrengungen aller betroffenen Parteien, um den Immobilienverkauf erfolgreich abschließen zu können.

Es sollte im Interesse aller Eigentümern liegen, einen adäquaten Verkaufspreis zu erzielen und eine möglichst zügige Abwicklung der Transaktion sicher zu stellen. Jeder Immobilieneigentümer kann dann schneller mit seinem Anteil am Verkaufserlös seine eigenen Ziele verfolgen. Vielleicht verheiraten Sie sich auch gleich wieder und benötigen eine neue Immobilie. Wir stehen Ihnen gern mit unseren Erfahrungen zur Verfügung, sowohl im Verkaufs- als auch im Erwerbsfall.

Tod eines oder aller Immobilieneigentümer

Bereits ein Immobilienverkauf im Zusammenhang mit einer Scheidung ist eine Herausforderung, aber wenn der traurige Fall eingetreten ist, dass einer oder alle Eigentümer verstorben sind, dann wird es wirklich schwierig. Der besondere Pfeffer in diesem Zusammenhang entsteht, wenn die Eigentümer Foreign Nationals – also US-Ausländer - sind.

In einem solchen Fall ist die Einschaltung eines Anwalts zwingend erforderlich und zwar nicht wegen des Verkaufs, sondern wegen der Erbschaftsproblematik., die bei einer Immobilie ein anwaltliches Gerichtsverfahren erfordert. Die nachfolgende Darstellung ist nur zum Verständnis der Problematik beschrieben und stellt keinesfalls eine anwaltliche Beratung dar.

Nehmen wir an, Sie sind verheiratet und Ihnen gehört eine Immobilie gemeinsam mit Ihrer Frau, Ihrem Mann oder Lebenspartner, was auch immer zutrifft. Nun verstirbt einer der Immobilieneigentümer und es gibt kein Testament. In diesem Fall wird der Überlebende sofort alleiniger Eigentümer und kann mit den erforderlichen Dokumenten die Immobilie umschreiben lassen. Eine gesetzliche Erbschaftsregelung wie in Deutschland, in der Kinder einen Teil erben, gibt es in Florida nicht.

Sollte es allerdings ein Testament geben oder der überlebende Ehepartner verstirbt ebenfalls, dann ist zwingend ein Anwalt mit der Abwicklung dieser Angelegenheit zu betrauen. Dieses Erbschaftsverfahren muss in jedem Staat durchgeführt werden, in dem der Verstorbene Eigentum besessen hat. In den Vereinigten Staaten/Florida gibt es zum Beispiel keinen gerichtlichen Erbschein, der eine Umschreibung ermöglicht. In anderen Staaten kann es zusätzliche Anforderungen für einen Erbfall geben.

Wenn Sie die entsprechenden Gerichtspapiere für die Berichtigung des Immobilieneigentums in Händen haben, dann können Sie Ihren Immobilienfachmann mit der Vermarktung Ihrer Traumimmobilie beauftragen.

Sollte einer der Eigentümer während einer bereits laufenden Immobilientransaktion versterben und es besteht bereits ein bindender Immobilienvertrag, dann sind die Erben an diesen bestehenden Vertrag gebunden. Die Erben haben keine Möglichkeit diesen Vertrag zu terminieren und sie müssen die Transaktion bis zum Ende abwickeln.

Im Klartext bedeutet dies: Ein Ehepaar hat eine Immobilie auf den Markt gebracht und es ist bereits ein Käufer gefunden und es besteht ein Vertrag (executed contract – Details in einem der nachfolgenden Kapiteln), dann muss der überlebende Vertragspartner diesen Vertrag auch weiterhin umsetzen und kann nicht aufgrund des Todes des Ehepartners den Vertrag brechen. Es gelten hier die Florida Immobiliengesetze und nicht das Recht Ihres Heimatlandes.

Eine weitere Unannehmlichkeit ist die Erbschaftssteuer, die es zwar nicht im Staat Florida gibt, wohl aber auf Staatsebene Vereinigte Staaten (federal level). Für einen erbenden Amerikaner liegen die Erbschaftsfreigrenzen bei über einer Million, aber für einen Foreign National (US-Ausländer) ist die Erbschaftsfreigrenze $60,000 unabhängig davon welchen Verwandtschaftsgrad Sie mit dem Erblasser haben.

Um die vorstehende beschriebene Erbschaftssteuer zu vermeiden, gibt es die Möglichkeit, die Immobilie in einem Trust zu Gunsten eines Begünstigten zu verwalten. Bei einem Trust gibt es kein Versterben, sondern nur der Begünstigte kann versterben und die Erbschaftssteuer wird dadurch beeinflusst. Wie und in welcher Form ein solcher Trust gestaltet werden muss, damit die Erbschaftssteuer für Sie als Begünstigten positiv beeinflusst wird, müssen Sie mit Ihrem amerikanischen Steuerberater und Ihrem amerikanischen Anwalt besprechen. Details zu diesem Thema gelten als Steuer- und anwaltliche Beratung und solche Beratungen dürfen nur von lizensierten Professionals erteilt werden. Aber eines ist gewiss, ein solcher Trust muss rechtzeitig vor dem Ableben eingerichtet werden und nicht wenn der Todesfall eingetreten ist.

Neben der Erbschaftssteuer ist dann auch noch die bereits erwähnte FIRPTA -Steuer zu zahlen. Den FIRPTA Steuersatz haben wir bereits in einem der vorstehenden Kapitel erwähnt und für die Erbschaftssteuer gilt der persönliche Einkommensteuersatz. Allerdings kann es hier Änderungen geben, weil Steuergesetze wie in jedem Land ständig geändert und angepasst werden.

Liquidieren eines Investmentproperty

Kommen wir jetzt zu dem Grund, der hauptsächlich für Investoren und ausländische Immobilienprofis entscheidend ist: der Immobilienverkauf um das dort gebundene Kapital zu liquidieren und es anderweitig neu zu investieren.

In diesem Zusammenhang ist es wichtig, die gesamte Besitzperiode zu betrachten und insbesondere den Kaufpreis in der Vergangenheit, den heutigen Marktpreis und falls notwendig die Währungsumrechnung zu untersuchen.

Die Währungsumrechnung ist besonders wichtig, wenn, Sie die Immobilie verkaufen und das Geld aus den Vereinigten Staaten in Ihr Heimatland transferieren wollen.

Der Geldtransfer von den Vereinigten Staaten ist einfach durchzuführen, allerdings ist es schon angebracht, den täglichen Wechselkurs von US-Dollar in Ihre Heimatwährung zu beobachten und einen günstigen Kurs abzuwarten, um den größten Nutzen aus Ihrem vorteilhaften Verkauf zu ziehen.

Wenn Ihnen diese zu umständlich ist, können wir Ihnen gern renommierte Businesskontakte bereitstellen, die für Sie einen komfortablen und lukrativen Währungstransfer vornehmen können. Bei Interesse an unseren erfahrenen und verlässlichen Geschäftspartnern senden Sie bitte eine E-Mail an die Adresse am Ende des Buches.

Lassen Sie uns jetzt ein kleines Rechenbeispiel durchführen, um das vorstehende etwas näher zu untersuchen, damit. Ihnen die Verkaufsentscheidung leichter fällt.

Gehen wir davon aus, dass Sie 2008 während des Downturn des Immobilienmarktes in den Vereinigten Staaten eine Immobilie von einer Bank gekauft haben.

Bei dieser Immobilie handelte es sich um eine Zwangsversteigerung. Der ehemalige Eigentümer konnte seine Darlehensraten nicht mehr bezahlen und die Bank hat im Rahmen einer gerichtlichen Zwangsversteigerung die Immobilie erworben für einen Bruchteil des Marktwertes.

Die Banken hatten zu dem damaligen Zeitpunkt tausende und abertausende von Immobilien in ihrem Portfolio und die Zwangsversteigerungszahl stiegen auch noch weiter über das Jahr 2008 hinaus an. Das bedeutete, dass der Immobilienmarkt mit Häusern und Eigentumswohnungen überschwemmt wurde und die Preise für die einzelne Immobilie extrem stark sanken. Die am Markt vorhandenen Immobilien konkurrierten um die Käufergunst und je grösser das Angebot wurde, desto mehr sank der Listingpreis (Angebotspreis im Internet) einer Immobilie.

In unserem Fall nehmen wir eine Immobilie, Baujahr 1958 und gut unterhalten. Der ehemalige Eigentümer kaufte die Immobilie in Jahr 2005 für $220,000 mit einer Vollfinanzierung (= 100 % Finanzierung). In den darauffolgenden Jahren kam der Eigentümer in finanzielle Schwierigkeiten und die Bank führte die Zwangsversteigerung durch.

Im Jahr 2008 verkaufte die Bank diese Zwangsversteigerungsimmobilie auf dem Markt für $90,000. Von dem ursprünglichen Darlehen hat die Bank durch den Verkauf nur den Kaufpreis realisieren können, den Rest des Darlehens musste sie abschreiben.

Der neue Eigentümer hat das Haus bis 2014 behalten, geringfügige Renovierungen daran vorgenommen und es anschließend für $128,000 verkauft. Damit hat er einen Gewinn von $38,000 gemacht und in dieser Rechnung ist noch nicht die Währungsumrechnung berücksichtigt.

Im September 2008 war die Währungsumrechnung 1 Euro zu $1.41 und im Jahr 2014 war die Umrechnung 1 Euro zu $1.26. Dieses Verhältnis hat sich bis September 2016 auf 1 Euro zu $1.12 geändert. Das bedeutet, um dieses Haus zu kaufen benötigten Sie wesentlich weniger Euros und aufgrund der Wertsteigerung und des stärkeren US-Dollarkurses haben Sie einen satten Gewinn erwirtschaftet.

Die Immobilie, die hier als Beispiel gewählt wurde, war direkt am Federal Highway (dieser verläuft dicht an der Ost-Küste von Florida bis nach Key West) Es ist massiv gebaut und gut unterhalten auf einem übergroßen Grundstück.

Sehen Sie dazu auch diese Rechnung:

Jahr	Kaufpreis US $	Umrech- nungskurs	Euro-Betrag
2005	220,000.00	0	0.00
2008	90,000.00	1.41	63,829.79
2014	128,100.00	1.26	101,666.67
Gewinn			*37,836.88*
2016	174,931.00	1.12	156,188.39
Gewinn			*92,358.61*

Wie Sie sehen, hat sich die Immobilienmarktentwicklung und die Währungsumrechnung äußerst positiv für Eigentümer ausgewirkt. Bei einem Einsatz von rund 63.830 Euro im Jahr 2008 hätten Sie im Jahr 2016 156.189 Euro zurückbekommen. Das entspricht einem Gewinn von 92.358 Euro, wobei Renovierungs-, Haltungs- und Steuern nicht berücksichtigt wurden.

Welche Optionen haben Sie beim Immobilienwechsel?

Dieses Buch fokussiert sich auf den Verkauf einer Immobilie in Florida. Allerdings ist ein Verkauf nicht immer die beste Option für Sie.

In den vorstehenden Kapiteln haben wir einige Gründe für einen Verkauf zusammengestellt und jeden Grund untersucht auf seine Auswirkungen auf Ihre Immobilientransaktion. Jeder betrachtete Grund kann das Verkaufsergebnis unterschiedlich positiv beeinflussen.

Gerade im vorstehenden Kapital haben wir die Option der Liquidierung betrachtet und vor dem Hintergrund des derzeit sehr engen Immobilienmarktes in Florida – wenig Inventar, wachsende Nachfrage und steigende Preise – kann es eventuell sinnvoll sein, noch etwas zu warten und die Marktentwicklung zu beobachten.

Wenn Sie sich noch nicht endgültig entschieden haben, dann nehmen Sie sich etwas Zeit und Muße und überlegen Sie in aller Ruhe, welche Ziele Sie mit dem erlösten Geld in der Zukunft erreichen wollen.

Wollen Sie mit dem erlösten Verkaufspreis eine neue Immobilie kaufen?

Wollen Sie das Geld eventuell im Aktienmarkt investieren?

Benötigen Sie das Geld für eine dringende Anschaffung oder kommen Sie ins Rentenalter und wollen die Früchte Ihres Lebens genießen?

Wenn diese Fragen von Ihnen noch nicht abschließend beantwortet sind, dann betrachten wir zunächst beide Optionen, die Ihnen zu Verfügung stehen:

Verkaufen oder vermieten?

Die Traumimmobilie verkaufen

Lassen Sie uns zunächst die Option verkaufen näher betrachten. Was waren Ihre Motive, als Sie die Immobilie in Florida gekauft haben?

Florida ist der Sunshine State und die Sonne scheint hier das gesamte Jahr. Die Temperaturen sind angenehm warm und Regen fällt nur selten. Und sollte es doch einmal regnen, dann ist dieser Regen meist heftig und kurz und gefolgt von Sonnenschein.

Sie benötigen hier keine Winterbekleidung. Wintermantel, Schal und Mütze werden Sie nur benötigen, wenn Sie Florida im Winter Richtung Norden oder Europa verlassen. Für kältere Tage reicht eine langärmlige Bluse und eine leichte Strickjacke, ein Paar Socken und Turnschuhe. An warmen Tagen sind Flip-Flops angesagt und kurze Hosen mit T-Shirt.

Außerdem gibt es hier immer etwas zu unternehmen. Sie können zum Strand gehen und Sand, Sonne, Wasser und Wind genießen. Auch Hochseeangeln wie Hemingway oder nach Schätzen tauchen wie Mel Fisher ist ein angenehmer Zeitvertreib.

Weitere Entertainments sind die vielen Vergnügungsparkes, Museen, Theater und Casinos. Nicht zu vergessen auch Karibik-Kreuzfahrten, die von Miami und Fort Lauderdale starten und Sie in die Zeit der Piraten und Abenteurer entführen.

Wenn Sie Ihr Florida Home verkaufen, um den Staat zu verlassen, werden Sie all dies hinter sich lassen. Vielleicht haben Sie die obigen Vorzüge bis zur Neige ausgekostet und

Ihre Sinne streben jetzt nach neuen Zielen, die nichts mit Florida zu tun haben, dann ist der Verkauf sicher die richtige Option für Sie.

Ein weiterer finanzieller Vorteil ist, dass Sie die Kosten, die während Ihres Immobilieneigentums anfallen, beim Verkauf wegfallen werden.

Solche Kosten sind zum Beispiel Garten-, Rasen- und Poolpflege, denn Bäum und Büsche wachsen im Florida Klima besonders gut und das Wasser wird leicht grün. Diese müssen daher ständig gemäht, geschnitten und gereinigt werden, damit sie bei den klimatischen Verhältnissen nicht außer Kontrolle geraten und der Pool nicht verdreckt und zum Brutplatz von Moskitos wird.

Die Klimaanlage in Ihres Heims muss ständig laufen, damit das Innere Ihrer Immobilie keinen Schaden durch die Feuchtigkeit der Subtropen nimmt. Dadurch entstehen Stromkosten, die mit einem Verkauf wegfallen.

Wenn Sie eine Eigentumswohnung haben, dann brauchen Sie sich nicht um die Außenanlagen Ihrer Immobilie zu kümmern, aber Sie haben Belastungen in Form von Hausgeldzahlungen und Instandhaltungsaufwendungen.

Weitere Kosten sind die Immobilienversicherung und die jährlichen Immobiliensteuern, die ein nicht unerheblicher Kostenposten sind. Die Höhe dieser Kostennote ist abhängig vom Standort und wie groß und luxuriös Ihre Immobilie ist.

Für die Verkaufstransaktion entstehen neben der Kommission für den Real Estate Professional Kosten für die Abwicklung der Verkaufstransaktion. Eine grobe Kostenschätzung ist ca. 9 Prozent vom Verkaufspreis. Die

FIRPTA Steuer ist nicht in diesen Kosten berücksichtigt, weil diese von der Steuerbehörde zurückgefordert werden kann.

Wie bereits in einem der vorstehenden Kapitel erwähnt, wird beim Verkauf eine 10 % FIRPTA Steuer fällig, wenn Sie Foreign National sind. Diese Steuer können Sie allerdings im Folgejahr des Verkaufs mittels einer Steuererklärung in den Vereinigten Staaten von der IRS (Internal Revenue Service) zurückfordern.

Nach Betrachtung dieser Details ist eine weitere wichtige Frage, wann Sie Ihre Immobilie verkaufen wollen. Diese Frage ist besonders wichtig, weil nicht jeder Zeitpunkt gleich gut geeignet ist für den Verkauf.

Wie Sie wissen, ist Florida ein Urlaubsstaat und zieht jedes Jahr Millionen von Touristen an, allerdings kommen diese Besucher nicht gleichmäßig verteilt über das Jahr.

Die Hochsaison für Touristen ist ca. Ende Oktober/Anfang November bis ca. Mitte April, dann ist die Hurrikansaison fast zu Ende und die Temperaturen werden etwas gemäßigter. In diesem Zeitraum sind wesentlich mehr potentielle Käufer für Ihre Immobilie in Florida. Wie Sie sicher wissen, je mehr Interessenten für eine Immobilie vorhanden sind, desto grösser sind die Chancen, die Immobilie schnell, unkompliziert und zu einem guten Preis zu verkaufen.

Je höher der erzielte Verkaufspreis für Ihre Immobilie, desto mehr Geld können Sie für Ihre neuen Ziele einsetzen. Dieser Grundsatz lässt sich allerdings nur mit einem Real Estate Professional bestens umsetzen. Dieser kennt den lokalen Immobilienmarkt, ist mit den besten Marketingmethoden vertraut und hat den optimalsten Käuferpool anzubieten.

Eine Do-it-yourself-Methode ist aufgrund der Komplexität der Immobilientransaktion nicht anzuraten und die Kommission werden Sie auch nicht sparen. Wenn ein Käufer mit seinem eigenen Agenten kommt, dann sind Sie als Verkäufer für die Bezahlung dieses Agenten verantwortlich, wenn auch nur indirekt. Details zu diesem Thema finden Sie in dem Kapitel Verkauf als For Sale by Owner (FSBO).

Die Traumimmobilie vermieten

Betrachten wir jetzt die Option der Vermietung Ihrer Immobilie, die unter bestimmten Bedingungen eine bessere Option sein kann als der Verkauf.

Für den Fall, dass Sie nur beruflich bedingt Ihre Immobilie verlassen und in der Zukunft beabsichtigen zurück zu kehren, dann macht ein Verkauf wenig Sinn. Sie haben doppelte Kosten – einmal, wenn Sie die Immobilie verkaufen und ein weiteres Mal, wenn Sie eine neue Immobilie bei Ihrer Rückkehr kaufen.

Allerdings und das ist zu bedenken, werden die fixen Kosten wie zum Beispiel die jährlichen Immobiliensteuer, die Immobilienversicherung sowie die Instandhaltungs- und Unterhaltungsaufwendungen unverändert bestehen bleiben. Diese Kosten sind durch eine entsprechende Mietzahlung hereinzuholen.

Bevor Sie Ihre Immobilie als Vermietungsobjekt an den Markt bringen, sollten Sie bei Ihrer Stadt nachfragen, ob es für Mietobjekte Vorgaben gibt, die einzuhalten sind. Häufig verlangen die Stadtverwaltungen zum Beispiel, dass Mietobjekte mit Rauchmeldern in allen Zimmer ausgestattet und Feuerlöscher vorhanden sind. Diese Vorgaben und mehr werden von einem städtischen Hausinspektor und der Feuerwehr auch überprüft. Sie müssen sich außerdem als Vermieter bei der Stadt registrieren lassen.

Sie werden einen Real Estate Professional benötigen, der während Ihrer Abwesenheit die Verwaltung und Betreuung Ihrer Immobilie übernimmt. Das Aufgabengebiet dieses Agenten können Sie auch auf das Vermietungsmarketing beschränken und Sie übernehmen das Kassieren der Mietzahlungen, Instandhaltung und Unterhaltung der Immobilie aus der Ferne. Ob das allerdings für Sie wünschenswert ist, müssen Sie selbst entscheiden, denn ein Mieter erwartet im Bedarfsfall 24 Stunden sieben Tage Betreuung.

Betrachten wir jetzt die Details für eine Vermietung und die Kalkulation der Miete. Wenn Sie ein Einfamilienhaus vermieten, sind die Mietkalkulation und die Mietbestandteile anders als wenn Sie eine Eigentumswohnung vermieten. Sie können nicht die Regelungen einer Vermietung in Ihrem Heimatland zu Grunde legen. Es gelten die gesetzlichen Regelungen von Florida.

In Ihrem Heimatland gibt es vielleicht die sogenannte Kaltmiete und die Nebenkosten, die zusammen genommen die monatliche Mietzahlung ergeben. Dies ist den Vereinigten Staaten nicht so.

Lassen Sie uns zunächst die Vermietung eines Einfamilienhauses betrachten. Bei dieser Vermietung gehen wir von einem Langzeitmietvertrag (mindestens ein Jahr) aus. Bei Ferienhausvermietung sieht es etwas komplizierter aus.

Bei einem Einfamilienhaus bestimmen Sie als Eigentümer die Miete pro Monat und es gibt keine begrenzenden Faktoren, außer der Marktregel Angebot und Nachfrage. Das bedeutet,

Sie können fordern was Sie wollen. Wenn Ihre Miete über dem lokal üblichen Mietsatz liegt, dann werden Sie keinen Mieter finden. Sie werden allerdings auch von keiner staatlichen Stelle überprüft, ob Ihre Miete zu hoch bemessen ist.

Ein weiterer Punkt ist, was ist in der monatlichen Miete enthalten. Vermieter bieten häufig als Bestandteil der Miete Internet- und Kabelzugang. Für diese Bestandteile der Miete wird aber keine Kostenabrechnung erstellt, wenn der Mieter wieder auszieht oder während einer längeren Mietdauer.

Strom, Wasser und Abwasser sind nicht Bestandteil der Miete und sind meist vom Mieter selbst zu tragen. Der Mieter meldet sich bei den jeweiligen Anbietern an und zahlt seine Rechnungen direkt an den Anbieter. Die Verbrauchsabrechnung erstellt der jeweilige Anbieter und stellt diese dem Mieter bereit.

Für die Pflege der Außenanlagen und dem Pool, wenn einer vorhanden ist, ist es sinnvoll, einen Dienstleister zu beauftragen. Dadurch stellen Sie sicher, dass die notwendigen Servicearbeiten fristgerecht und korrekt erledigt werden. Sollte es trotzdem zu Beschwerden kommen, dann können Sie den Dienstleister in Regress nehmen.

Sollten Sie den Mieter mit diesen Aufgaben betrauen, dann könnte es passieren, dass dieser nicht alles so erledigt, wie Sie es mit ihm vereinbart haben oder der Mieter verletzt sich bei der Erledigung dieser Aufgaben. In diesem Fall sind Sie für die entstehenden Kosten des Mieters haftbar. Sollten Sie als Vermieter eine kostenpflichte Verwarnung von der Stadt bekommen, weil der Mieter zum Beispiel den Rasen nicht rechtzeitig gemäht hat, dann sind Sie als Eigentümer der Immobilie dafür verantwortlich und nicht der Mieter. Sie können nicht auf diesen zurückgreifen.

Betrachten wir jetzt die Vermietung einer Eigentumswohnung. In diesem Fall sind einige Abweichung zu berücksichtigen.

Bevor Sie Ihre Eigentumswohnung vermieten, überprüfen Sie bitte Ihre Eigentümerdokumente. Diese Dokumente können eine Vermietungsbeschränkung enthalten zum Beispiel bezüglich der möglichen Vermietungshäufigkeit während eines Jahres und die Vermietungsdauer zum Beispiel mindestens dreißig Tage und länger.

Bei Eigentumswohnungen sind die Kosten für Kabel, Wasser und Abwasser sowie für die Pflege der Außenanlagen in den Hausgeldzahlungen enthalten. Internet gehört meist nicht zu den Hausgeldzahlungen, aber Sie können selbstverständlichen Ihren Mieter Ihren eigenen Internetanschluss nutzen lassen, wenn Sie einen haben. Der Mieter ist dann für diese Kosten nicht haftbar und Sie müssen diese in Ihre Miete einrechnen. Auch hier gibt es keine Nebenkostenabrechnung, wie Sie dies eventuell von Ihrem Heimatland gewohnt sind.

Ein Kurzzeitvermietungsobjekt oder Ferienwohnung ist möbliert zu vermieten, während Langzeitvermietungsobjekte unmöbliert angeboten werden. Sie sollten allerdings stets eine Mietsicherheit verlangen, um entstandene Mieterschäden nach Auszug des Mieters decken zu können.

Eine weitere Besonderheit ist die Eigentümergemeinschaft. Diese hat ein Mitspracherecht bei der Vermietung. Das heißt, jeder potentielle Mieter muss den Überprüfungsprozess der Verwaltungsgesellschaft der Eigentümergemeinschaft durchlaufen. Dieser Prozess heißt Applikation und ohne eine erfolgreiche Applikation und Bestätigung des Wohnungseigentümerrats darf Ihr Mieter nicht einziehen.

Bei der Applikation, deren Kosten vom zukünftigen Mieter zu zahlen sind, wird der sogenannte Background Ihres Mieters überprüft. Es wird in diversen Datenbank überprüft, ob ein Strafregister vorhanden ist, ob Drogenabhängigkeit vorliegt, ob Zahlungsprobleme bekannt sind und vieles mehr.

Diese Überprüfungen sind zum Schutz der Gemeinschaft gedacht. Jeder, der in der Wohnungsgemeinschaft wohnt, soll sich sicher fühlen. Bei diesen Überprüfungen gelten die strengen Grenzen des sogenannten Fair Housing Gesetzes der Vereinigten Staaten.

Dieses nationale Gesetz gilt in allen Staaten gleichermaßen. Die Zuwiderhandlung ist ein Verstoß gegen ein nationales Gesetz und wird von der nationalen Behörde United States Department of Housing and Urban Development verfolgt. Details zu diesem Thema finden Sie in dem Kapitel über Fair Housing weiter hinten im Buch.

Wenn die Überprüfung des potentiellen Mieters kein Resultat hervorbringt, dann wird Ihr Mieter zu einem Gesprächstermin mit dem Wohnungseigentümerrat eingeladen und muss sich dort vorstellen. Der Sinn dieses Gesprächs ist, dass der Eigentümerrat sich ein eigenes Bild von Ihrem Mieter machen und mit ihm bestehende Fragen bezüglich der Hausregularien und der Hausordnung erörtern kann. Am Ende dieses Gesprächs gibt es entweder ein Approval (Bestätigung) oder ein Denial (Ablehnung). Im letzteren Fall müssen Sie sich einen anderen Mieter suchen. Als Eigentümer des Vermietungsobjekts haben Sie keine Handhabe gegen diese Entscheidung vorzugehen.

All diese Details bezüglich Kosten und Applikationsprozess gelten für den Langzeitmieter bei einer Mietdauer von mehr als sechs Monate genauso wie für den Kurzzeitmieter einer Ferienwohnung, wenn die Immobilie in einem Gemeinschaftskomplex liegt.

Der Unterschied bei einer Kurzzeitmiete ist, dass in dieser Miete sämtliche Kosten – Strom, Kabel, Internet, Wasser und Abwasser – enthalten sind. Sie als Vermieter sind in diesem Fall der Zahlungspflichtige für diese Dienste und nicht Ihr Mieter.

Außerdem gibt es in vielen Städten und Gemeinden, die in oder nahe bei Touristenzentren liegen, eine Touristensteuer für diese Kurzzeitvermietungen. Diese Kosten variieren von County zu County und werden daher hier nicht im Detail betrachtet. Wie hoch diese Touristensteuer ist, erfahren Sie bei der zuständigen Stadt- oder Gemeindeverwaltung.

Bei den erzielten Mieteinnahmen handelt es sich um Einkommen und dieses ist selbstverständlich zu versteuern. In Florida gibt es zwar keine Einkommensteuer, aber es gibt eine Bundeseinkommensteuer für diese Einnahmen. Welche Kosten Sie bei dieser Einkommensermittlung abziehen können, erfragen Sie am besten bei Ihrem Steuerberater, weil diese Details den Rahmen dieser Betrachtung sprengen.

Hier eine Musterrechnung für eine Kurzzeitmiete (fiktive Daten):

Eigentumswohnung Strandnähe, möbliert,

monatliche Miete $3,600 pro Unit,

Achtung! Gemeinschaftsdokumente prüfen bezüglich Dauer und Häufigkeit einer solchen Vermietung – siehe auch oben

Mieteinnahmen (3 x $3,600,00)	$10.800,00
Leerstand 10% (hier unberücksichtigt)	$0,00
Effektiveinnahmen (=Bruttoeinnahmen)	$10.800,00
Jährliche Kosten (geschätzt 40 %) Reparaturen, Versicherung, Steuern etc.	$4.320,00
Operationale Einnahmen (= Nettoeinnahmen)	$6.480,00
Abschreibung bei Kurzvermietung unberücksichtigt	$0,00
Einkommen vor Steuern (steuerliche Betrachtung und Berechnung wird Ihnen Ihr Steuerberater erklären)	$6.480,00

Die Entscheidung ist gefallen:
Verkauf der Traumimmobilie

In den vorherigen Kapiteln haben wir Ihre Motivation und die Gründe für den Verkauf Ihrer Immobilie näher untersucht und von allen Seiten betrachtet.

Zum jetzigen Zeitpunkte sollte Ihre Entscheidung gefallen sein. Diese Entscheidung ist jetzt das Ziel, auf das Sie hinarbeiten. Wir gehen in die Richtung einer Verkaufstransaktion. Dies ist jetzt unser Ziel des Projekts.

Nach der Zieldefinition, starten wir mit dem nächsten Schritt. Sie werden Unterstützung bei Ihrem Verkauf benötigen, damit Ihr Projekt das für Sie profitabelste Ergebnis erzielt.

Dieser nächste Schritt ist die Entscheidung, welchen Weg Sie gehen wollen: mit einem Real Estate Professional (sehr stark empfohlen) oder in Eigenregie. Ganz besonders diese letzte Option ist mit großen Risiken verbunden und sehr arbeitsintensiv, wie wir noch sehen werden. Außerdem ist es meist auch teurer. Warum wird in dem Kapitel For Sale by Owner erklärt.

Verkauf mit einem Real Estate Professional

Lassen Sie uns jetzt die Option Verkauf mit einem Real Estate Professional untersuchen. In Deutschland sind solche Professionals vergleichbar mit Maklern, allerdings sind die Berufsanforderung in den Vereinigten Staaten nicht mit denen in Deutschland zu vergleichen.

Außerdem ist der Aufgabenbereich dieser Professionals in den Vereinigten Staaten wesentlich breiter angelegt als in

Deutschland. Es werden nicht nur Immobilien vermarktet, sondern es wird die gesamte Immobilientransaktion von Anfang bis Ende betreut.

Sie bekommen eine Rundumdienstleistung und Sie brauchen sich um die einzelnen Schritte innerhalb der Transaktion nicht selbst zu kümmern. Die detaillierte Beschreibung seiner Aktivitäten finden Sie im Kapitel der Aufgaben eines Immobilienspezialisten.

Für alle seine Aufgaben und Aktivitäten, die Ihr persönliche Agent übernimmt, bezahlen Sie ihm eine Kommission. Diese Kommission wird fällig, wenn Ihre Verkaufstransaktion erfolgreich abgeschlossen wird und Sie Ihren Verkaufserlös erhalten haben.

Die Kommission wird auf der Basis des Verkaufspreises kalkuliert und beträgt derzeit sechs bis sieben Prozent in Süd-Florida. Dieser Prozentsatz entspricht dem regional üblichen Satz.

Verkauf als For Sale by Owner (FSBO)

Bei dieser Option haben Sie keinen eigenen Real Estate Professional, der Ihnen alle wichtigen Aufgaben abnimmt und Ihnen bei Fragen zur Seite steht.

In einem solchen Fall sind Sie Ihr eigener Agent. Sie sind verantwortlich für alle notwendigen Aktivitäten, Termine und Verhandlungen mit dem Käufer.

Sie müssen Ihre Immobilie ansprechend herrichten und im Internet potentiellen Käufern vorstellen. Sie haben keine weitverzweigten Marketingtools wie Real Estate Professional, um Ihre Immobilie optimal zu vermarkten. Sie tragen das

Risiko für alle auftretenden Probleme während der Verkaufstransaktion. Fehler, die Sie nicht korrekt und zeitnah lösen, können zu kostspieligen Gerichtsverfahren führen.

Vielleicht entscheiden Sie sich für diese Option, weil Sie die Kommission sparen wollen. Leider unterliegen Sie hier einem Missverständnis. Nur weil Sie keinen eigenen Agenten haben, der einen exklusiven Listingvertrag (Vermarktungsvertrag) hat und die Vermarktung Ihrer Immobilie vornimmt, bedeutet nicht, dass der Käufer keinen Agenten hat.

Dieser Real Estate Professional des Käufers hat ein Recht auf die Bezahlung. Auch wenn der Käufer für diese Bezahlung verantwortlich ist, so wird er diese Bezahlung in sein Kaufpreisangebot für Ihre Immobilie einrechnen. Sie bezahlen die Kommission in diesem Fall indirekt.

Auf der anderen Seite kann der Käufer Agent auch Ihre Immobilie übersehen, wenn er seinem Kunden eine Immobilienauswahl vorstellt. Der Agent ist nicht verpflichtet Ihre Immobilie zu vermarkten, wenn er dafür keine Bezahlung erhält bzw. erst mit Ihnen über seine Kommission verhandeln muss.

In diesem Fall werden Sie wesentlich intensiver auf die Unterstützung eines Immobilienanwalts angewiesen sein. Das Honorar für Dienstleistungen im Immobilienbereich sind wesentlich höher als Sie erwarten. Der Anwalt wird auch nur die rechtlichen Aktivitäten abwickeln und keine Aufgaben für die Vermarktung übernehmen. Die Vermarktung liegt ausschließlich in Ihrer Hand.

Diese Option ist aufgrund der damit verbundenen Risiken und die mit dem Verkauf verbundenen Aufgaben nicht zu empfehlen.

Welche Aufgaben übernimmt ein Immobilienspezialist beim Immobilienverkauf für Sie?

Um dieses Thema mit Fokus auf Florida zu erläutern, ist es zunächst nötig ein wenig den Immobilienverkauf in Ihrem Heimatland zu untersuchen und den Ablauf zu verdeutlichen. Als Beispiel wählen wir den Immobilienverkauf und das Immobilienmarketing in Deutschland.

In der Regel versucht ein Immobilienbesitzer seine Immobilie selbst zu verkaufen, weil ein Makler Geld kostet und wer will schon sein Geld an jemanden geben, dem Sie weniger Kompetenz zutrauen als sich selbst. Ob diese Einstellung sinnvoll ist oder nicht, werden wir hier nicht betrachten. Selbstverständlich können Sie Ihre Immobilie auf eigene Faust in den Tageszeitungen und auf Internetportalen inserieren und so versuchen, die passenden Kunden für Ihr Haus oder Eigentumswohnung zu finden.

Auf den Immobilienseiten im Internet finden Sie auch Vergleichsobjekte, die Ihnen einen Anhaltspukt für Ihren Verkaufspreis geben oder Sie fragen in Ihrer Nachbarschaft, welches Haus zu welchem Preis in den letzten paar Wochen verkauft wurde.

Um einen besseren und unabhängigen Überblick über die üblichen Immobilienpreise in Ihrem Ort zu bekommen, können Sie auch einen Marktreport von dem zuständigen Katasteramt gegen eine geringe Gebühr anfordern.

Diese Marktwertberichte beschreiben auch den Zustand und die Bewertungskriterien, die für die Ermittlung der veröffentlichten Marktwerte herangezogen wurden.

Um den Ertragswert Ihrer Immobilie in Deutschland zu ermitteln, werden Sie in Tageszeitungen und Immobilienportal in der Rubrik Vermietungen die relevanten Daten heraussuchen müssen.

Mit diesen Marktdaten haben Sie allerdings nur einen kleinen Einblick in den lokalen Immobilienmarkt, denn nicht alle Immobilieneigentümer bieten Ihre Immobilie auf Portalen und in Onlinemedien an. Die Qualität der vorhandenen Daten hängt von der Bereitschaft der Immobilieneigentümer ab, Ihre Daten bereitzustellen und aktuell zu halten.

Eine weitere Option für die Immobilienwertermittlung sind die im Internet vorhandenen Berechnungstools. Diese Tools können allerdings nicht die lokalen Spezialitäten mit einbeziehen. Das heißt, die Tools nutzen nur die Daten, die von einer Datenbank dem Tool bereitgestellt werden und Details wie zum Beispiel die Beliebtheit eines bestimmten Wohnungsstandorts wird nicht in einem solchen System berücksichtigt. Auch kurzfristige Immobilienwertänderungen können nicht zeitnah in solchen Tools angewendet werden, weil es keine Immobiliendatenbank gibt, die eine statistische Auswertung von Immobiliendaten erlaubt, wie dies zum Beispiel in den Vereinigten Staaten möglich ist.

Wenn Sie einen Immobilienspezialisten in Ihrem Heimatland engagieren für die Vermarktung Ihrer Immobilie, so kann er Ihnen sicherlich eine entsprechende Marktbewertung erstellen, weil er mehr Datenquellen zur Verfügung hat als Sie.

Bei der Vermarktung Ihrer Immobilie durch einen Immobilienfachmann, sollten Sie sich unbedingt von ihm erklären lassen, welche Aufgaben und Tätigkeiten er übernimmt und ob Sie etwas dafür zahlen müssen. Ganz besonders wichtig ist, wie und wo Ihre Immobilie vermarktet wird. Nach dem derzeitigen Informationsstand, gibt es zum Beispiel in Deutschland keine zentrale Datenbank für Immobilien und jedes Immobilienbüro hat seine eigenen Methoden der Vermarktung. Es ist nicht greifbar, wie viele Käufer Ihr Immobilienangebot sehen werden.

Für die Bezahlung dieser Services gibt es keine einheitlich festgelegte Regelung und daher ist diese verhandelbar. Die Kommission beträgt etwa 6 % zuzüglich der geltenden Mehrwertsteuer und kann entweder vom Käufer, vom Verkäufer oder von beiden gemeinsam gezahlt werden.

Sollten Sie einen Makler für die Vermietungen Ihrer Immobilie in Anspruch nehmen, dann gelten hier besondere Regularien, die nicht im Fokus dieses Buches enthalten sind und auch nicht betrachtet werden.

Auf den Europäischen Immobilienportalen werden auch bereits verkaufte Immobilien-Angebote oder Immobilien, die vom inserierenden Maklerbüros nicht exklusiv vertreten werden, veröffentlicht mit dem Ziel, kaufwillige Kunden oder motivierte Mieter zu akquirieren. Diese Vorgehensweise gilt auch für die auf den Portalen angebotenen Auslandsimmobilien.

Es kann passieren, dass die inserierten Immobilien längst nicht mehr auf dem Markt sind und nur deshalb noch auf dem Portal zu sehen sind, weil die Anzeigenperiode noch nicht abgelaufen ist oder weil der Anzeigenverantwortliche das Inserat nicht gelöscht hat.

Die Details zu den inserierten Immobilien sind auch nicht immer aktuell und akkurat, weil diese Anzeigen manuell gepflegt werden müssen und nicht jeder Immobilieninserent nimmt sich die Zeit und Sorgfalt seine Anzeigen aktuell zu halten und Fehler zu korrigieren.

Diese Beispiele zeigen, dass das Internet-Immobilienangebot stark von den jeweiligen Inserenten und dem monatlichen Anzeigenbudget für die Immobilie abhängig ist. Daher ist stets nur eine kleine Auswahl aller verfügbaren Immobilien im lokalen Immobilienmarkt präsent und sichtbar.

Die hier dargelegten Informationen basieren auf eigenen Erfahrungen und Recherchen im Internet. Die Makler, die unsere eigenen Objekte vermarktet haben und verkaufen wollten, haben wir stets mit den korrekten Preisanpassungen und anderen wichtigen Daten versorgt, aber weder haben die Makler unsere geänderten Daten in ihre Verkaufsprospekte aufgenommen noch haben sie uns einen Käufer präsentiert.

Bei Auslandsimmobilien, die auf den Webportalen in Europa angeboten werden, ist Vorsicht angebracht, weil diese meist von amerikanischen oder anderen ausländischen Kollegen abgefragt werden und meist nur als Lockangebot zu verstehen sind. Wenn sich wirklich jemand auf diese Traumhäuser meldet, ist die Immobilie häufig längst verkauft oder zumindest unter Vertrag. Aber der einstellende Immobilienmakler in Europa hat *vergessen* ein solches Angebot anzupassen oder nutzt es weiterhin, um Kunden anzulocken.

Der Markt in den Vereinigten Staaten ist wesentlich schneller und dynamischer als der deutschsprachige/europäische Raum und das Immobilienangebot ist umfassender und vollständiger im Internet repräsentiert. Die zuvor beschriebenen Probleme mit den Immobiliendaten sind im Immobilienmarkt der Vereinigten Staaten nicht oder zumindest weniger vorhanden.

Ein weiterer bedeutender Unterschied zwischen einem deutschen Immobilienmakler und einem amerikanischen ist die rechtliche Seite. Ein deutscher Immobilienmakler kann sein Geschäft von heute auf morgen eröffnen und benötigt nur einen Gewerbeschein vom örtlichen Ordnungsamt. Einen Befähigungsnachweis für seinen Beruf und das entsprechende Fachwissen ist für seine Tätigkeitsausübung nicht notwendig.

Um die Zusammenarbeit der Immobilienfachleute in unterschiedlichen Ländern zu erleichtern, gibt es Kooperationsvereinbarungen mit den unterschiedlichen Landesvereinigungen im Immobilienbereich. Das bedeutet, dass Immobilienfachleute aus Ihrem Heimatland einfach und reibungslos mit Immobilienfachleuten in den Vereinigten Staaten zusammenarbeiten können. Allerdings können Nicht-US-Immobilienspezialisten keine eigenen, bindenden Immobiliengeschäfte in den Vereinigten Staaten abschließen, weil ihnen die notwendige US-Lizenz für die Immobilienbranche fehlt. Die Zusammenarbeit kann nur als ein Referral an den US-Realtor erfolgen. Details zu dieser Arbeitsweise finden Sie im anschließenden Kapitel.

Welche beruflichen Anforderungen gelten für einen amerikanischen Immobilienspezialisten?

Das Berufsbild und der Umfang der Tätigkeit eines Immobilienspezialisten sind in den Vereinigten Staaten vollkommen anders geregelt und organisiert als in vielen anderen Ländern. Die nachfolgende Darstellung zeigt die wesentlichsten Unterschiede im Gegensatz zu einem Makler im deutschsprachigen/europäischen Raum.

Um die Tätigkeit eines Real Estate Agents oder Brokers (= Immobilienspezialist) in den Vereinigten Staaten ausüben zu können, ist zunächst ein Studium dieses Wirtschaftsbereiches erforderlich und zwar in Englisch.

Sobald das erfolgreich Studium abgeschlossen ist, kann die Zulassung zur Staatsprüfung beantragt werden. Bei diesem Zulassungsprozess sind Fingerabdrücke abzugeben und das persönliche Umfeld des zukünftigen Real Estate Agents wird überprüft. Das heißt, bei jedem Prüfling wird ein krimineller Hintergrund-Check veranlasst und durchgeführt (entspricht dem Führungszeugnis). Bereits eine Strafe für Trunkenheit am Steuer in diesem Bericht kann das Aus für den neuen Beruf in der Immobilienbranche bedeuten.

Sobald dieser Backgroundcheck abgeschlossen ist, erfolgt die Prüfungszulassung. Diese Prüfung ist sehr anspruchsvoll und umfasst nicht nur berufsrelevante Themen, sondern auch begleitende Berufsthemen wie zum Beispiel Steuerrecht, Vertragsrecht und Finanzierungsoptionen, um den Gesamtzusammenhang einer Transaktion zu verstehen. Bei dieser Prüfung fallen rund 80 % der Prüflinge durch und eine Wiederholung ist nur einmal möglich, ohne das gesamte Studium zu wiederholen.

Nach erfolgreicher Prüfung erhält der Immobilienspezialist seine Berufslizenz vom Gouverneur des Staates Florida ausgestellt. Diese Lizenz ist gültig für zwei Jahre und muss anschließend alle zwei Jahre erneuert werden.

Diese Erneuerung wird nur erteilt, wenn die erforderlichen Ergänzungsstudien erfolgreich absolviert und dem Staat nachgewiesen werden. Sollten diese Anforderungen für die Lizenz nicht erfüllt sein, erlischt die Lizenz und die Ausübung des Real Estate Berufes ist illegal für diesen Agenten oder Broker. Die Lizenz ist ein Qualitätssiegel.

Was ist ein amerikanischer Sale Agent oder Associate?

Während der ersten zwei Jahre nach dem bestandenen Examen arbeitet der Sale Agent (das ist die offizielle Bezeichnung) als Selbstständiger in einem Immobilienbüro, der sogenannten Brokerage unter der Aufsicht eines Brokers.

Innerhalb dieser Zeit ist die Teilnahme an weiteren vertiefenden Schulungen zwingend erforderlich und diese sind der staatlichen Lizenzbehörde nachzuweisen.

Kommt der Sales Agent diesen rechtlichen Anforderungen nicht nach, verliert er seine Lizenz nach Ablauf der zwei Jahre und darf nicht mehr im Immobilienbereich als Sale Agent arbeiten. Die Zuwiderhandlung ist illegal und stellt nach den geltenden Gesetzen einen Straftatbestand dar.

Für Sie als Immobilienverkäufer ist es wichtig, dass Sie sich nachweisen lassen, dass der Sale Agent eine gültige Lizenz hat, um sicher zu sein, dass er seine Aufgaben innerhalb einer Immobilientransaktion kennt und dass er unter der Aufsicht eines Brokers arbeitet.

Sobald Sie mit einem Immobilienfachmann einen Listingvertrag für den Verkauf Ihres Hauses abschließen, wird Sie der unterzeichnende Agent betreuen und vertreten gegenüber anderen Agents und Käufern. Das sogenannte Listing – der Vertrag über die exklusive Vermarktung Ihrer Immobilie – schließen Sie allerdings mit dem jeweiligen verantwortlichen Broker des Immobilienoffice und nicht mit dem betreuenden Agenten. Das bedeutet auch, dass das Brokeroffice die Kommission erhält und nicht direkt der Agent.

Das Immobilienoffice und damit der Broker dieses Office ist verantwortlich für die ordnungsgemäße Abwicklung der Immobilientransaktion. Das bedeutet für Sie, wenn dem Immobilienfachmann ein Fehler unterläuft, dann ist der Broker für diesen Fehler haftbar und nicht der betreuende Agent. Wie dieser Fehler anschließend zwischen Agent und Broker geregelt wird, ist nicht Ihr Problem.

Welche Aufgaben übernimmt der Listing Agent für Sie?

Kommen wir jetzt zu den Aufgabendetails Ihres Listing Agent, der für Sie vor Ort in Florida tätig ist. Aufgrund der rechtlichen Vorgaben muss Ihr Immobilienspezialist in Florida zugelassen sein und eine gültige Immobilienlizenz besitzen, damit er für Sie arbeiten werden darf. Ein Immobilienspezialist aus Ihrem Heimatland kann Sie bei dieser Transaktion nicht unterstützen, weil das illegal ist und als Straftat verfolgt wird.

Ihr Immobilienfachmann ist Ihre Vertrauensperson im Rahmen Ihrer Immobilienverkaufstransaktion. Er begleitet Sie durch den gesamten Verkaufsprozess, erklärt Ihnen die einzelnen Schritte und wie diese zu erledigen sind, welche Dokumente für die Einzelschritte zu beschaffen und vorzulegen sind und wann der jeweilige Einzelschritt beendet sein muss, damit der Kaufvertrag erfolgreich und fristgerecht abgeschlossen wird.

Anders als Sie dies eventuell von Ihrem Heimatland kennen, ist dieser Spezialist nicht ausschließlich für die Vermarktung Ihrer Immobilie zuständig, sondern für die gesamte Abwicklung. Sie schließen mit Ihrem Listing Agent (Makler) einen sogenannten Listingvertrag, in dem Ihr Agent sich verpflichtet, Ihre Immobilie auf Basis der gesetzlichen Regularien bestmöglich zu vermarkten und Ihnen einen potentiellen Käufer zu präsentieren, der willens und finanziell fähig ist, den von Ihnen gewünschten Verkaufspreis zu bezahlen.

Für Sie als Verkäufer bedeutet dies, dass Sie vertrauensvoll mit Ihrem Immobilienfachmann als Team zusammenarbeiten und seine Empfehlungen bei Ihrer Entscheidungsfindung mit einbeziehen. Die entsprechenden Entscheidungen liegen allerdings ausschließlich in Ihrem Ermessen und Ihr Immobilienfachmann übernimmt keine Haftung für Ihre Entscheidungen.

Kommen wir jetzt zu den Detailaufgaben, deren Erledigung Sie von Ihrem Immobilienfachmann erwarten dürfen und die Sie unbedingt in einem Gespräch mit ihm klären sollten, damit es im Transaktionsablaufe keine Missverständnisse und Probleme gibt.

Während dieses Gesprächs, das gewöhnlich in Ihrer Immobilie stattfindet, begehen Sie und der Agent die zu verkaufende Immobilie und deren Außenanlagen. Mit dieser Besichtigung verschafft sich der Agent einen ersten Eindruck.

Der Immobilienfachmann wird sich bereits vor dem Besuch bei Ihnen die notwendigen Unterlagen bezüglich des Eigentümers und der finanziellen Situation Ihrer Immobilie aus den sogenannten Public Records beschafft haben. Diese

Informationen sind, wie der Name andeutet public = öffentlich. Diese Records entsprechen Daten, die in Deutschland im Grundbuch ausgewiesen werden, allerdings sind die Daten in den Vereinigten Staaten wesentlich ausführlicher als in Deutschland und jederzeit einsehbar.

Außerdem wird der Immobilienspezialist sich bereits einige Vergleichsobjekte, die entweder auf dem Markt zum Verkauf angeboten werden oder in den letzten sechs Monaten verkauft wurden, herausgesucht und eine erste Marktbewertung Ihrer Immobilie durchgeführt haben.

Mit diesen Informationen wird die Besichtigung Ihre Immobilie einfach und informativ für Sie als Verkäufer und den Real Estate Professional verlaufen. Auftretende Fragen und fehlende Details können gemeinsam und zeitnah zusammengestellt werden.

Die ergänzenden Informationen von Ihnen erlauben es dem Immobilienspezialisten, seine Marktwertermittlung des Verkaufsobjekts zu verfeinern und zu validieren. Er wird Ihnen sein Ergebnis der Wertermittlung detailliert erörtern und gemeinsam mit Ihnen auf Basis dieser Wertermittlung einen Listingpreis für den Verkauf festlegen.

Dieser Marktwert ist auch die Basis für die Festlegung des Kommissionprozentsatz. Die beim erfolgreichen Verkaufsabschluss zu zahlende Kommission wird auf Basis des tatsächlichen Verkaufspreises kalkuliert. Wenn bei der Transaktion nur ein Immobilienfachmann beteiligt ist, dann steht die gesamte Kommission dem Listingagent und dem Brokeroffice zu. Bei zwei beteiligten Immobilienspezialisten wird der Kommissionsbetrag gleichmäßig zwischen den beiden Brokerbüros aufgeteilt.

Sie als Verkäufer können den Kommissionsprozentsatz im Rahmen Ihres Listingvertrages verhandeln, aber Sie haben keinen Einfluss auf die Verteilung der Kommission zwischen den beiden Brokeroffices. Außerdem sind alle finanziellen Zusatzvereinbarung wie zum Beispiel ein Bonus, wenn die Immobilie besonders schnell oder zu einem höheren Preis verkauft wird, zu veröffentlichen, um Unregelmäßigkeiten innerhalb eines solchen Geschäfts zu vermeiden.

Kommen wir jetzt zu den Aufgaben, die der Immobilienspezialist während der Verkaufstransaktion für Sie durchführt.

Als erstes wird der Agent alle erforderlichen Dokumente von Ihnen einfordern, damit die für das Listen in der MLS – Multiple Listing System – notwendigen Details bekannt sind. Ein Teil der Informationen werden direkt und automatisch aus den Public Records übernommen und die von Ihnen erhaltenen Daten werden ergänzend manuell eingegeben. Für einen Käufer und seinen Immobilienspezialisten ergibt sich so ein klares Bild der angebotenen Immobilie. Der Käufer kann bereits auf dieser Basis entscheiden, ob die Immobilie für ihn in Frage kommt.

Weiterhin wird Ihr Listing Agent Ihre Immobilie von innen und außen fotografieren, um mit diesen Bildern großes Interesse im Internet zu wecken. Damit dieses Ziel besonders gut erreicht wird, gibt Ihnen Ihr Agent einige Empfehlungen, wie Sie das Curb appeal (den besonderen Eindruck) erzeugen und verbessern können.

Eine der wichtigsten Empfehlung ist, dass die Immobilie visuell in einwandfreiem Zustand ist. Das heißt, der Garten ist im 1A Zustand und es gibt keine Beschädigung oder Schäden im und am Haus. Es versteht sich von selbst, dass die Immobilie blitzblank geputzt ist.

Der Immobilienfachmann wird auch mit Ihnen abstimmen, wann Sie Ihre Immobilie für die sogenannten Showings öffnen. Bei einem Showing bittet der Immobilienberater des Käufers um einen Termin, damit er seinem Kunden Ihre Immobilie zeigen (=to show) darf.

Bei einem solchen Besichtigungstermin ist Ihre Anwesenheit unerwünscht. Für einen Verkäufer ist es meist schwer seinen Mund zu halten und nicht in den höchsten Tönen von seinem *noch* Haus zu schwärmen. Für einen Käufer kann eine solche Schwärmerei zu einem abschreckenden Erlebnis werden, weil der Käufer meist schon bei der Besichtigung eine feste Einstellung zu der Immobilie hat, die Sie mit Ihrer Erzählung zerstören oder zumindest beeinflussen werden.

Um solche Showings ohne Ihre Anwesenheit zu ermöglichen, wird Ihr Listingagent Sie um einen Ersatzschlüssel zu Ihrer Immobilie bitten. Dieser Schlüssel ist für die Lockbox an einer der Eingangstüren zu Ihrer Immobilie bestimmt.

Die Lockbox war vor einigen Jahren ein kleiner Kasten am Türknauf mit einer Zahlen- oder Buchstabenkombination. Heute gibt es die sogenannten Elektronischen Lockboxen, die mittels eines Smartphones zu öffnen sind. Dabei übermittelt das Smartphone eine einzigartige Kennung an die Lockbox und diese gibt dann das Schlüsselfach mit dem Schlüssel frei. Die Lockbox registriert die Freigabe des Schlüssels und sendet die Kennung des öffnenden Agents zum Listing Agent. Mit dieser Meldung ist jederzeit nachweisbar, wer, wann und wie lange in Ihrer Immobilie anwesend war. Der Käufer Agent ist auch dafür verantwortlich, dass Ihre Immobilie wieder ordnungsgemäß verschlossen wird.

Der Immobilienfachmann betritt mit dem Käufer die Immobilie, besichtigt diese und erklärt die wichtigsten Vorteile im Innen- und Außenbereich. Nach der Besichtigung verschließt der Agent Ihr Heim wieder und legt den Schlüssel zurück in die Lockbox für den Besuch des nächsten Immobilienfachmanns. Jetzt kann ein weiterer Immobilienfachmann mit seinem eigenen Kunden die nächste Besichtigung durchführen.

Eine weitere beliebte Methode Ihre Immobilie zu vermarkten, sind die sogenannten Open Houses. Bei einem Open House veröffentlich Ihr Agent einen Termin, zu dem Ihre Immobilie für die Öffentlichkeit zur Besichtigung geöffnet ist. An diesem Tag wird Ihr Real Estate Agent Sie bitten, Ihr Heim für einige Stunden zu verlassen und er wird mit einem Kollegen potentielle Käufer in der Immobilie herumführen. Dadurch haben auch Käufer, die sich noch nicht endgültig entschlossen haben zu kaufen, die Möglichkeit sich einen Eindruck von einer passenden Immobilie zu verschaffen. Solche Interessenten haben meist noch keinen eigenen Immobilienexperten.

Wenn es soweit ist, dass der erste Käufer sein Angebot macht, wird Ihr Immobilienagent Ihnen zur Seite stehen und gemeinsam mit Ihnen die Offerte – das Angebot des Käufers - durchsprechen. Der Immobilienexperte wird Ihnen die Vorteile und Fallstricke des Angebotes erläutern.

Bezüglich der Finanzierungsdetails und Finanzierungsprogrammen der Regierung sollten Sie wissen, dass diese sich häufig ändern und für Sie als Verkäufer zusätzlich Kosten beinhalten können. Dies gilt insbesondere bei FHA oder VA Darlehen der Regierungsstellen.

Sobald es um Auslegung und Interpretation von Vertragspassagen in der Offerte geht, werden Sie als Verkäufer nicht ohne einen eigenen Anwalt für die Beratung herumkommen, weil dieser Aktivität über den Aufgabenbereich des Immobilienexperten hinausgeht.

Wir als Immobilienspezialisten füllen die offenen Felder in den von der Anwaltskammer des Staates Florida vorbereiteten Standardverträge aus, aber es ist uns nicht erlaubt, Erklärungen und Kommentare zu Textpassagen zu geben. Das wäre Rechtsberatung und die darf nur von lizensierten Anwälten erteilt werden.

Aufgrund unseres großen Businesskontaktkreises können wir Ihnen allerdings eine Liste von Professionals – Anwälte, Titlegesellschaften, Steuerberater, Finanzierungsspezialisten und vielen mehr - bereitstellen. Diese Liste repräsentiert nur eine Auswahl und beinhaltet keine Empfehlung oder Bewertung der erbrachten Leistung der Professionals.

Als Immobilienexperten ist es uns nicht erlaubt direkte Referrals durchzuführen. Wir dürfen dem Kunden lediglich eine Auswahl vorstellen und eine Vergütung oder Geschenke für die Weitergabe dieser Businesskontakte sind verboten. Als Geschenk gilt bereits ein Blumenstrauß oder eine Schachtel Pralinen und kann als Bestechung ausgelegt werden. Kein vertrauenswürdiger Immobilienfachmann wird sich diesem Risiko aussetzen.

Diese Dienstleistungen stehen Ihnen mit Abschluss des Listingvertrages zu, genauso wie die intensive Vermarktung Ihrer Immobilie im Internet. Ein wichtiger Schritt bei der Vermarktung ist der Eintrag Ihrer Immobilie in die bereits oben erwähnte Immobiliendatenbank MLS.

Der Eintrag in diese MLS-Datenbank muss innerhalb von 24 Stunden nach dem Abschluss des Listingvertrags erfolgen. Nach Eintrag in die Datenbank werden Ihre Immobiliendaten auf über 1000 Webseiten und Webportalen in den Vereinigten Staaten und international verteilt und Ihr Listing wird in mindestens dreizehn Sprachen übersetzt wie zum Beispiel Chinesisch, Japanisch, Vietnamesisch und selbstverständlich auch in Deutsch, Französisch und Spanisch, um nur einige zu nennen. Jeder Nutzer dieser Seiten ist ein potentieller Käufer für Ihre Immobilie.

Wenn diese Aktivitäten erledigt sind, können Sie sich entspannt zurücklegen und Ihrem Immobilienspezialisten alles Weitere überlassen. Er wird Sie selbstverständlich ständig unterrichten über den Fortgang der Vermarktung und der Transaktion.

Mit Abschluss des Listingsvertrags ist Ihr Real Estate Professional Ihr persönlicher Repräsentant in allen wichtigen Verhandlungsschritten. Er führt alle Gespräche für Sie mit anderen Immobilienexperten und nimmt Anfragen zu Ihrer Immobilie entgegen. Er wird keine Information, die Sie ihm unter dem Siegel der Verschwiegenheit mitteilen, weitergeben und das gilt besonders, wenn es um Informationen bezüglich des tiefsten Verkaufspreises geht.

Dieses persönliche und innige Vertrags- und - Vertrauensverhältnis bleibt solange für Sie als Verkäufer exklusiv reserviert, bis Ihr Real Estate Professional auch die Interessen des Käufers betreut. In einem solchen Fall muss Ihre Real Estate Professional seine Vertrauensposition Ihnen als Verkäufer gegenüber einschränken, wenn Sie dies akzeptieren.

Diese Einschränkung muss er mit Ihnen besprechen und sie muss schriftlich dokumentiert werden. Ihr Agent wird mit diesem unterzeichneten Dokument zu einem Transaktionsagenten, der beiden Parteien – Käufer und Verkäufer – betreut in eingeschränkter Kapazität.

Das bedeutet für Sie, dass vertraulichen Informationen von Ihnen weiterhin vertraulich bleiben, aber ab dem Zeitpunkt der Unterschrift unter das vorstehende Dokument mutiert Ihr Listing Agent zu einem Vermittler von Informationen und Facilitator von Aktivitäten innerhalb der Transaktion. Vertrauliche Informationen des Käufers, wenn er diese erhalten sollte, wird er Ihnen nicht weitergeben.

Es ist daher zu überlegen, ob Sie dies wollen, oder ob Sie Ihren Listing Fachmann bitten, dem Käufer einen Kollegen zu empfehlen, der die Interessen des Käufers vertritt in dieser Transaktion.

Wir halten eine solche Empfehlung für den richtigen Weg, denn er verhindert, dass es bei Spannungen innerhalb der Transaktionsabwicklung zu Problemen kommt und sich die Parteien ungerecht vertreten fühlen. Schon ein solches Gefühl oder die Vermutung ist schlecht für eine Verkaufstransaktion und führen zu Vertrauensspannungen. Diese bergen das Risiko einer Beschwerde bei der Standesorganisation für die Immobilienwirtschaft oder eine kostspielige Klage vor Gericht in sich und das sollte unbedingt vermieden werden.

Wie die bisher beschriebenen Aufgaben eines Real Estate Professionals innerhalb Ihrer Verkaufstransaktion im Detail ablaufen, wird im Buchteil *Die Immobilien-Verkaufstransaktion in den Vereinigten Staaten - Beispiel Florida* beschrieben.

Was kostet Sie diese Dienstleistung?

Wie bereits beschrieben, schließen Sie mit dem Immobilienoffice Ihres Immobilienfachmannes einen sogenannten Listingvertrag.

Dieser Listingvertrag sichert dem Brokeroffice Ihres Immobilienfachmannes das exklusive Recht zum Listing und Verkauf Ihrer Immobilie zu. Für die Dienstleistung, die im nächsten Kapitel detailliert erläutert wird, steht dem Brokeroffice Ihres Agents eine Kommission zu und gemäß den gesetzlichen Regelungen in den Vereinigten Staaten und auch in Florida sind Sie als Immobilienverkäufer für die Bezahlung dieser Kommission verantwortlich.

Der derzeitige Prozentsatz für die Kommission ist sechs bis sieben Prozent des Listing- bzw. Verkaufspreises. Mit diesem Betrag sind die Leistungen Ihres Immobilienfachmannes innerhalb der Verkaufstransaktion abgegolten.

Sollten Sie Ihren Experten allerdings mit Aufgaben betrauen, die nicht direkt seinen Pflichten innerhalb der Transaktion entsprechen, so sind dies Zusatzleistungen. Diese nicht von der Kommissionsvereinbarung abgedeckten Leistungen sind separat zu bezahlen. Wenn Ihr Agent zum Beispiel einen zusätzlichen Schlüssel für die Showings beschaffen muss, dann sind Sie für diese Kosten verantwortlich und haben diese zu erstatten.

Im Falle das Sie allerdings Ihre Immobilie selbst vermarkten ohne einen Immobilienfachmann, dann werden Sie alle Dienstleistungen im Rahmen Ihrer Verkaufstransaktion selbst erledigen müssen, denn eine Dienstleistung hat nun mal seinen Preis.

Details zur Abwicklung der Kommissionbezahlung finden Sie im Kapitel über die Abrechnung Ihrer Immobilientransaktion.

REALTOR®

Was ist ein Realtor?

In vielen Publikationen sehen Sie den Begriff *Realtor* und sicher wissen Sie nicht genau, was das ist.

Der Realtor ist ein geschützter Begriff und darf nur von Immobilienfachleuten benutzt werden, die der Nationalen Immobilienkammer der Vereinigten Staaten angehören. Der vollständige Name der Kammer ist National Association of Realtors (NAR) mit Sitz in Chicago, Illinois.

Außerdem vertritt diese Kammer die Belange der Real Estate Professionals und der Immobilieneigentümer national und international.

Neben dieser Vertretung der Real Estate Professionals hat die Association außerdem die Aufgabe, die sogenannten Berufsstandards für die Immobilienindustrie festzulegen.

Diese Berufsstandards sind zusammengefasst in dem Code of Ethics. Dieser Code legt die Regeln und Regularien fest, nach denen die Immobilienfachleute mit Ihren Kunden, der Öffentlichkeit und mit anderen Real Estate Professionals zusammenarbeiten und kooperieren.

Da sich jedes Jahr gesetzliche Änderungen im Immobilienrecht und den angrenzenden Bereichen ergeben, werden diese Regularien jährlich auf die neuesten Geschäftspraktiken und die an neuesten Gesetzesvorgaben angepasst.

Jeder Immobilienfachmann, der der National Association of Realtors beitritt, ist verpflichtet nach diesen Regularien und Regeln zu handeln und diese als Basis für seine Berufsausübung zu nutzen. Im Rahmen der erforderlichen Fortbildung für die Erhaltung der Lizenz muss der Immobilienfachmann Kurse zu diesem Thema belegen und zum Abschluss des Kurses die Einhaltung dieses Code of Ehtics geloben. Im Gegenzug darf er den rechtlich geschützten Titel *Realtor* mit seinem Namen führen.

Die Kammer -NAR - überwacht die Einhaltung dieser Berufsstandards sowie die ordnungsgemäße Nutzung des geschützten Titels *Realtor*. Bei Zuwiderhandlung wird der Immobilienfachmann von der NAR abgemahnt und es können Sanktionen verhängt werden.

Die Mitgliedschaft in der National Realtor Association ist keine Pflichtmitgliedschaft und daher gibt es Real Estate Professionals, die keine Mitglieder sind und deshalb sich auch nicht *Realtor* nennen dürfen. Ob diese Immobilienkaufleute den Code of Ethics kennen und sich an diesen Code of Ethics halten, ist fraglich.

Es ist daher stets zu empfehlen, einen Realtor einem Nicht-Realtor vorzuziehen, weil die moralische Verpflichtung für den Real Estate Professional stärker ist. Sie sind stolz dieser Association anzugehören, die nicht nur die Qualität des Berufs hochhält, sondern auch ihre Mitglieder gegen Übergriffe von Organisation und der Regierung schützt und Benefits für die Immobilienindustrie erstreitet.

Was bedeuten die Abkürzungen auf den Visitenkarten der Immobilienspezialisten?

Sobald ein Immobilienfachmann seine staatliche Prüfung erfolgreich abgeschlossen und seine Lizenz erhalten hat, darf er legal im Real Estate Business arbeiten.

Bei den erworbenen Kenntnissen in der Immobilienbranche handelt es sich um das Normalgeschäft - einfache Käufe und Verkäufe oder Vermietungen. Alle diese Geschäfte erfüllt der Immobilienfachmann unter Aufsicht des leitenden Immobilienbrokers des Immobilienbüros.

Der Immobilienspezialist in den Vereinigten Staaten ist ein sogenannter *independent contractor*. Das heißt, der Immobilien-Agent ist nicht beim Brokeroffice festgestellt und bezieht kein monatliches Gehalt. Vielmehr arbeitet der Agent auf eigene Kosten, aber unter der Betreuung eines Brokers.

Aufgrund dieser Unterstützung und Betreuung steht dem Broker ein Teil der Kommission zu bei dem Vertragsabschluss der Verkaufstransaktion. Wie hoch dieser Anteil an der Kommission ist, ist bei jedem Immobilienoffice unterschiedlich und wird zwischen dem betreuenden Broker und dem Agenten ausgehandelt.

Neben dem Basisstudium gibt es noch viele weitere Zusatzausbildungen, die sich mit Teilbereich des Immobiliengeschäfts befassen. Diese Zusatzausbildungen in den Spezialgebieten sind in Zusammenarbeit mit der National Association of Realtors erstellt worden und stehen jedem Realtor für die Teilnahme offen. Jeder Realtor kann entscheiden, ob er sein eigenes Geld und seine Zeit für eine solche Zusatzausbildung investiert.

Diese Zusatzausbildungen werden nicht auf die Weiterbildung zum Erhalt der Immobilienlizenz angerechnet. Sie sind ein Add-On und dokumentieren, dass der Immobilienspezialist in seinem Beruf engagiert ist und sich weiterentwickelt. Je mehr Ausbildungen er/sie hat, desto besser ist das Berufswissen und die Befähigung Ihnen beim Verkauf Ihrer Immobilie zu helfen.

Einige Beispiele für einen international/global engagierten Real Estate Professional sind CIPS, TRC und RSPS. Die Zusatzausbildung ABR ist nicht ausschließlich auf die internationale Immobilientransaktion beschränkt, sondern fokussiert sich auf den Immobilienkäufer – national und international.

Weitere interessante Zusatzausbildungen im Zusammenhang mit der Verkaufstransaktion sind GRI, SFR und BPOR. Diese Ausbildungen beziehen sich ausschließlich auf nationale Immobiliendetails und sind ein Qualitätsmerkmal für einen Listing Agent im Rahmen einer Verkaufstransaktion.

Die vorstehenden Zusatzausbildungen werden auf den folgenden Seiten detailliert beschrieben und geben Ihnen einen Einblick in die Professionalität der Immobilienfachleute.

CIPS

certified international property specialist

Was bedeutet CIPS?

Die Abkürzung CIPS bedeutet Certified International Property Specialist – auf Deutsch zertifizierter internationaler Immobilien Spezialist.

Diese Zusatzausbildung befasst sich mit internationalen Immobilientransaktionen und ist eine Ausbildung der National Association of Realtors.

Der Realtor mit dieser Ausbildung ist geschult im Umgang mit ausländischen Immobilienverkäufern. Sie wissen, dass im jeweiligen Heimatland des Verkäufers eine Immobilientransaktion nicht nach den gleichen Regeln abläuft wie in den Vereinigten Staaten und kennen die wichtigen Details, die ein Verkäufer in den Vereinigten Staaten beim Verkauf seiner Immobilie zu beachten hat.

Meine Person kann in diesem Fall als gutes Beispiel dienen. Meine Ausbildung machte ich in der größten deutschen Bank in der Immobilienfinanzierung. Diese Erfahrungen und mein Wissen kombinierte ich mit einem Real Estate Studium in Florida und betreue heute alle Arten von internationalen

Immobilientransaktionen mit unserer Brokerage. In diesem Fall sind beide Seiten Europa und die Vereinigte Staaten perfekt verknüpft und vertreten. Eine ideale Kombination für Sie als Immobilienverkäufer.

TRC

Was heißt TRC?

Die zweite Zusatzausbildung TRC heißt Transnational Referral Certification und bedeutet, dass die transnationale Zusammenarbeit mit einem Immobilienfachmann eines anderen Landes für den Realtor zum Alltag gehört.

Diese Zusatz-Zertifizierung erleichtert die Zusammenarbeit mit einem Makler aus Ihrem Heimatland auf Basis der geltenden Immobiliengesetze in Florida und den Vereinigten Staaten.

Wenn Sie zum Beispiel einen Makler im deutschsprachigen Raum haben, so kann dieser mit Ihrem Einverständnis mit mir zusammenarbeiten. Diese Zusammenarbeit ist für Sie als Kunde kostenfrei.

Die Kooperations- oder auch Referralvereinbarung wird zwischen den beiden Immobilienfachleuten – dem Makler in Ihrem Heimatland und dem Broker des Immobilienoffice in Florida - getroffen.

Diese Vereinbarung regelt in wieweit der amerikanische Realtor dem ausländischen Makler eine Vergütung zahlen darf und in welcher Höhe.

Referral-Vereinbarungen mit einer Privatperson und die Bezahlung von Vermittlungsgebühren an Privatpersonen sind illegal und kann bis zum Lizenzverlust des jeweiligen Brokers führen.

Eine solche Vergütung kann für Ihren heimatlichen Makler lukrativ sein und bedeutet für diesen keinen oder nur geringen Aufwand. Ihr heimatlicher Immobilienfachmann stellt lediglich den Kontakt zu einem lokalen Florida-Broker her und der amerikanische Real Estate Broker übernimmt alle weiteren Aktivitäten vor Ort in Florida. Der Immobilienexperte betreut Sie als Kunde in Florida.

Was ist RSPS?

Eine weitere Zusatzausbildung ist die RSPS – Resort and Second Home Property Specialist. Ein solcher Spezialist ist schwerpunktmäßig mit dem Feriendomizil- und Ferienhaus-Immobilienmarkt vertraut.

Sein Fokus ist die Immobilientransaktionen zu betreuen, die sich auf Lifestyle wie zum Beispiel Golf oder Yachtliebhaber konzentriert. Diese Spezialisten kennen sich gut in diesen Bereichen aus und helfen Ihnen solche Immobilien auf den Markt zu bringen und genau den Käufer zu finden, der einen bestimmten Lifestyle zu schätzen weiß.

Solche Lifestyle Immobilien bedürfen einer besonderen Betreuung, denn nicht jede Immobilie ist für jeden Käufer geeignet. Wenn Ihr Property zum Beispiel in einer Golf-Community liegt, dann sollte der Käufer ebenfalls ein

Golfliebhaber sein. Mit dem Leben in einer Golfcommunity kommen neben den jährlichen Golfclubgebühren noch weitere Verpflichtungen auf ihn zu, die der Käufer wissen muss bevor er die Transaktion abschließt.

RSPS

Resort & Second-Home Property Specialist

Was bedeutet ABR?

Die Zusatzausbildung ABR bedeutet Accredited Buyer Representative und heißt auf Deutsch Akkreditierter Käufer Vertreter.

Diese Zusatzausbildung ist für eine Verkaufstransaktion nur von untergeordneten Bedeutung, weil im Transaktionsfall der Verkäufer mit seinen Interessen vertreten wird. Allerdings kann es helfen, eine Transaktion leicht und geschmeidig abzuwickeln, weil einem solchen Real Estate Professional auch die Sichtweisen Ihres potentiellen Käufers vertraut sind. Er wird Ihnen helfen, bestimmte Beweggründe des Käufers und seine Reaktion während der Transaktion zu verstehen. Dieses Verständnis kann Ihnen als Verkäufer von Nutzen sein.

Während Ihr Immobilienfachmann die Aufgabe hat, einen passenden Käufer zu finden, hat der Käufer-Agent die Aufgabe die richtige und passende Immobilie für den Käufer zu finden, die er auch bezahlen kann.

Der Käuferagent sucht die passenden Immobilien für den Käufer und stellte diese im Rahmen von Showings vor. Weiterhin betreut er den Käufer bei allen Schritten der Transaktion und überwacht der einzelnen Transaktionsschritte sowie die Beschaffung der notwendigen Dokumente auf der Käuferseite. Der Agent wird außerdem dem Käufer helfen, einen Anwalt oder eine Titlegesellschaft zu finden, sollte dies notwendig sein.

Dieser Agent ist also der Vertreter des Käufers, während der Listing Agent der Vertreter des Verkäufers ist.

Was bedeutet GRI?

Die Abkürzung GRI bedeutet Graduate Realtor Institute und beinhaltet mehrstufige vertiefende Studien aller Real Estate Bereiche.

Diese Bereiche umfassen nicht nur Marktkenntnisse und professionelle Skills, sondern auch die Ausbildung und das

Training mit technischen Tools und Systemen. Ein weiterer Bereich betrifft die rechtlichen Vorschriften des Berufs und die Maßnahmen, mit denen der Immobilienexperte die beste Unterstützung für seinen Kunden bereitstellt, ohne mit den rechtlichen Rahmenbedingungen in Konflikt zu geraten.

Ein graduierter Realtor kann neben dem Bereich Kauf- und Verkauf auch Vermietungen und Immobilienverwaltung durchführen. Außerdem ist er oder sie mit den Steuerbedingungen des Geschäfts vertraut, allerdings wird er keine Steuererklärung für seine Kunden durchführen oder steuerlichen Rat erteilen.

Dies ist eine wichtige Designation, die Ihnen, die Sicherheit gibt, dass der Real Estate Professional mit allen Maßnahmen und Prozeduren im Berufsumfeld vertraut ist und Ihr Risiko innerhalb der Immobilientransaktion minieren wird.

NATIONAL ASSOCIATION *of* REALTORS®
REALTOR

Official Designation

GRADUATE, REALTOR® INSTITUTE

Was bedeutet SFR?

Ein SFR Designee ist ein Real Estate Professional, der sich mit dem Spezialbereich von Short Sales und REO Immobilien auskennt.

Bei einem Short Sale handelt es sich um eine Immobilientransaktion, dessen Eigentümer/Verkäufer sich in finanziellen Schwierigkeiten befindet und seinen Darlehensverpflichtungen nicht mehr nachkommen kann. Der Verkauf einer solchen Immobilie beinhaltet erheblichen Mehraufwand und Besonderheiten innerhalb der Transaktion, damit überhaupt ein erfolgreicher Abschluss möglich ist.

Bei einem REO handelt es sich um eine Immobilie, die im Rahmen einer Zwangsversteigerung (Foreclosure) in das Eigentum des Darlehensgebers – meist eine Bank - gelangt ist. Solche Immobilien sind in einem wenig gepflegten Zustand, weil sie häufig über längere Zeit leer standen und nicht gepflegt wurden. Bei der Betreuung solcher Immobilien sind Besonderheiten zu berücksichtigen.

Wenn Sie als Verkäufer in einer finanziell angespannten Lage stecken, dann ist ein solcher Spezialist ein guter Partner für Sie.

SFR

SHORT SALES &
FORECLOSURE
RESOURCE

Was bedeutet BPOR?

Die letzte hier beschriebene Zusatzausbildung ist die Broker Preis Opinion Resource – BPOR - und ein solcher Immobilienspezialist ist eine Expert in der Ermittlung von Marktwerten für Immobilien.

Dieser Spezialist hat viel Erfahrung bei den Recherchen von allen erforderlichen Daten für die korrekte Marktwertberechnung. Sie werden häufig von Banken und privaten Darlehnsgebern engagiert, um den Marktwert von Immobilien in deren Portfolio zu berechnen.

Solche Bewertungen dienen zur korrekten Feststellung des Marktwertes einer Immobilie an einem bestimmten Standort und zu einem bestimmten Erstellungstermin. Aufgrund der dynamischen Immobilienmarktbewegungen haben solche Bewertungen eine Gültigkeit von drei bis maximal sechs Monaten. Danach ist die Bewertung erneut zu erstellen oder zumindest auf die geänderten Marktbedingungen anzupassen.

Als Verkäufer ist ein solcher Real Estate Experte von unschätzbarem Wert, weil er Ihnen die Marktdynamik erklärt und Sie bei den Preisverhandlungen im Rahmen Ihrer Transaktion unterstützt.

Ich selbst habe tausende solcher Bewertungen für Darlehensgeber durchgeführt und verfüge über mehrjährige Erfahrung in diesem Bereich.

Dies ist nur ein kleiner Einblick in die für Sie relevanten Zusatzausbildungen eines Florida Real Estate Professional. Diese Darstellung ist nicht vollständig und Zusatzausbildungen für andere Immobilienspezialgebiete sind nicht relevant für das Thema dieses Buches.

Lassen Sie sich bei dem Gespräch mit Ihrem amerikanischen Real Estate Spezialisten seine Zusatzausbildungen zeigen und erklären. Diese erworbenen Ausbildungen der National Association of Realtors sind anerkannt in der Immobilienbranche und gelten als Gütesiegel für Ihren Immobilienspezialisten.

Wie finden Sie den richtigen Immobilienfachmann?

Es ist wie in jedem Dienstleistungsbereich. Sie sprechen mit einigen Real Estate Professionals und je nachdem welcher Ihnen am kompetentesten erscheint und Ihnen am sympathischsten ist, mit dem starten Sie Ihre Immobilienverkaufstransaktion.

Sie können sicher auch Ihren Freund fragen, allerdings ist dabei zu bedenken, Ihr Freund ist nicht Sie. Wenn Ihr Freund zum Beispiel sehr gut mit dem Immobilienfachmann A zusammenarbeiten kann, heißt dies noch lange nicht, dass auch Sie gleichfalls eine positive Erfahrung machen werden.

Misstrauen Sie auch den Renn- und Ratinglisten, weil diese häufig nicht der Realität entsprechen. Es handelt sich oft um Gefälligkeitsbewertungen oder um Marketingtools. Mit diesen Tools wollen sich die Immobilienfachleute aus der Menge heraus zu heben.

Wir erhalten täglich mehrere Anfragen, mit der Bitte um eine Empfehlung. Die Anfrager wollen von uns eine positive

Bewertung erhalten, obwohl wir mit diesen Personen noch nie zusammengearbeitet haben und daher auch keine Einschätzung ihrer Kenntnisse und Fähigkeiten geben können.

Die Marketingtoolanbieter offerieren gleichfalls Ihre Dienste und versprechen den Immobilienfachleuten, diese auf Platz 1 bei Google oder Facebook zu bringen. Es herrscht die landläufige Meinung, dass ein Kunde den ersten Agenten für seine Transaktion auswählt, mit dem er spricht und der erste ist meist am Anfang der Liste. Dieser Immobilienfachmann muss aber nicht der beste für Sie sein, weil Ihre Erwartungen sich nicht mit dem Service des Dienstleisters decken.

Verlassen Sie sich auf Ihr Bauchgefühl und auf die nachweisbaren Befähigungsnachweise, die in den vorstehenden Kapital beschrieben sind. Jeder Real Estate Professional wird Ihnen diese bereitwillig zeigen, wenn er nichts zu verbergen hat. Außerdem gilt wie in jedem anderen Business: Klasse ist besser als Masse.

Das bedeutet, es gibt Massen von Real Estate Professionals, aber nur eine kleinere Gruppe ist erstklassig ausgebildet und erfahren im internationalen Immobiliengeschäft. Diese können Ihnen am besten bei Ihren Anforderungen helfen und Ihre Verkaufstransaktion zu einem Erfolg machen, aber diese Experten preisen sich selten reißerisch an.

Für offene Fragen in diesem Zusammenhang, können Sie uns gern per Email kontaktieren. Die Adresse finden Sie am Ende des Buches.

Im Anschluss finden Sie eine Tabelle, in der die Berufsunterschiede der Immobilienfachleute gegenübergestellt werden.

	Vereinigte Staaten	Deutschland
Wer bezahlt Agent	Verkäufer	Käufer/ Verkäufer/ beide teilweise
Aufgabe	Suchen, zeigen, Transaktion begleiten	Nur suchen und zeigen
Schlüssel der Immobilie	Jeder Agent hat Zugang zu jedem Haus	Schlüssel ist entweder beim Verkäufer oder beim Makler, der die Immobilie betreut
Wer erstellt den Vertrag	Agent erstellt den Vertrag basierend auf Standardverträgen des jeweiligen Staates	Ein Notar erstellt den Vertrag, Makler nimmt selten an der Beurkundung teil
Berufsstands-kontrolle	Ja, Staatslizenz	Nein
Weiterbildung erforderlich	Ja, anderenfalls wird die Lizenz nach 2 Jahren nicht mehr verlängert	Keine Fortbildung erzwungen
Kommission	6% des Kaufpreises, bezahlt vom Verkäufer	6% zzgl. MwSt vom Käufer/Verkäufer/ oder beiden, je nach Vereinbarung
Rechtliche Kontrolle	Ja, durch staatliche Florida Real Estate Kommission, die auch Bestrafungs-macht hat, außergerichtlich und günstig	Keine staatliche Kontrolle

Was bedeutet Fair Housing?

Dies ist ein feststehender Begriff und kann pauschal mit Antidiskriminierungsgesetz im Immobilienbereich übersetzt werden.

Die Amerikaner sind und waren schon immer ein Schmelztiegel der Nationen, auch wenn manche Regierung dies einzuschränken versucht. Wie Ihnen sicher bekannt ist, hatten und haben auch die Amerikaner einige unschöne Episoden in ihrer Geschichte bei der Integration von anderen Kulturen – wie beispielsweise Afro-Amerikaner, Native Americans sowie religiöse Glaubensrichtungen - und die Vereinigten Staaten haben daraus gelernt und lernen auch heute noch.

Das Fair Housing Gesetz sowie der Code of Ethics der Realtors besagen, dass keine Diskriminierung erfolgen darf in den folgenden Bereichen:

Hautfarbe, Rasse, Nationalitätsherkunft, Behinderungen, Religion, Alter, Familienstand, Geschlecht und sexueller Orientierung.

Diese Regelungen gelten in allen Bereichen des Lebens, aber ganz besonders in allen Bereichen der Immobilienwirtschaft. Die Missachtung dieses Gesetzes zieht rechtliche Konsequenzen für jeden nach sich, der dieses Gesetz nicht beachtet oder dagegen verstößt. Das bedeutet, dass auch Sie an dieses Gesetz gebunden sind, selbst wenn Sie ein Foreign National (kein US-Bürger) sind.

Dieses Gesetz ist der Grund, warum Immobilienspezialisten Ihnen bei bestimmten Bemerkungen wertvolle Hinweise geben und damit verhindern, dass Sie in diese Falle tappen.

Die folgenden Bemerkungen zum Beispiel sind unter diesem Aspekt äußerst gefährlich:

Ich möchte nur an Deutsche oder Engländer verkaufen.

Bitte nur Käufer, die keine Kinder oder Tiere haben.

Bitte keinen mit einer Behinderung usw.

Der Immobilienspezialist wird Ihnen bei solchen Bemerkungen mitteilen, dass Sie als Verkäufer jeden Käufer akzeptieren müssen, der in der Lage und willens ist, Ihren Kaufpreis für die Immobilie zu bezahlen. Eine Ablehnung des Käufers aus den obigen Gründen ist illegal und kann im schlimmsten Fall in einem teuren Gerichtsverfahren münden.

Dies gilt übrigens nicht nur für Sie als Verkäufer, sondern auch für Ihren Agent oder Broker, weil er oder sie sich gleichfalls schuldig macht, wenn ein solches Verhalten toleriert und/oder unterstützt wird. Für den Real Estate Professional kann ein solches Verfahren auf Basis des Fair Housing den Verlust der Lizenz bedeuten.

Ihr erstes Gespräch mit Ihrem Agent

Na – haben Sie sich bereits Gedanken über Ihre Wünsche und Anforderungen für den Verkauf Ihrer Immobilie gemacht und eine Checkliste mit Fragen für Ihren Agent erstellt?

Sehr gut!

Sie kennen Ihre Immobilie, in der Sie die letzten Jahre gelebt haben, in- und auswendig. Sie wissen, welche Probleme oder kleine Makel sie hat. Sie kennen nicht nur die physischen Merkmale der Immobilie wie zum Beispiel Schlafzimmer- und Badezimmeranzahl, sondern auch deren baulichen Zustand.

Sie wissen, was Sie wann in Ihrem Heim erneuert und renoviert oder modernisiert haben. Sie wissen auch, wieviel Sie dafür bezahlt haben und diese Kosten wollen Sie beim Verkauf wieder herausbekommen – richtig?

Wenn Sie Ihr Heim finanziert haben, dann kennen Sie sicher auch den genauen Stand Ihres Darlehens, das mit dem Verkauf der Immobilie abzulösen ist und wann der beste Zeitpunkt für eine solche Rückzahlung des Darlehens ist.

Jetzt fehlt Ihnen nur der passende Immobilienspezialist vor Ort, der mit Ihnen gemeinsam all diese Details bewertet und den besten Weg für Ihr Projekt *Immobilienverkauf im Ausland* festlegt, damit Ihr Vorhaben erfolgreich ist.

Ihr nächster Schritt ist jetzt einige Immobilienexperten zu sich nach Hause einzuladen und mit diesen gemeinsam Ihre Anforderungen und Erwartungen zu besprechen.

In diesem ersten Gespräch wird der jeweilige Agent mit Ihnen Ihre Immobilie besichtigen und Fragen stellen, die für die bestmögliche Vermarktung und zu Ermittlung des höchstmöglichen Verkaufspreises unerlässlich sind.

Der Immobilienexperte wird diese Informationen mit den von Ihnen geäußerten Wünschen und Erwartungen abgleichen und Ihnen seine Sichtweise für diese Verkaufstransaktion darlegen. Sie sollten in diesem ersten Gespräch alle Ihnen am Herzen liegenden Fragen adressieren und ausdiskutieren, damit es im Laufe der weiteren Zusammenarbeit mit dem von Ihnen ausgewählten Immobilienfachmann keine Probleme gibt.

Einen bestehenden Listingvertrag aufzulösen ist zwar möglich, allerdings können sich finanzielle Konsequenzen in diesem Zusammenhang ergeben. Wenn zum Beispiel vom Abschluss des Listingvertrages und bis zu Ihrer Kündigung des Vertrags Kosten entstanden sind, dann sind Sie verantwortlich für diese Kosten und müssen diese dem Listingoffice bezahlen. Oder wenn das Listingoffice Ihnen ein Käufer präsentiert hat, Sie haben aber den Kaufvertrag für die Immobilie zum Kündigungszeitpunkt des Listingvertrags noch nicht unterschrieben.

Mit der Unterschrift unten den Listingvertrag entscheiden Sie auch, welche Vertragsbedingungen Sie bei dem Verkauf Ihrer Immobilie akzeptieren werden. Sie können zum Beispiel festlegen, dass Sie nur Barzahler akzeptieren, weil solche Transaktionen nicht durch die Darlehensgenehmigung an den Käufer verlangsamt und kompliziert werden.

Auch bei FHA-Darlehen ist Vorsicht geboten, weil Sie als Verkäufer höhere Abschlusskosten zu erwarten haben. FHA-Darlehen sind Darlehen, die von der US-Regierung gefördert werden und Käufern mit geringer Eigenkapitalbasis zur Verfügung stehen.

Weiterhin ist es wichtig, festzulegen welche Innenausstattung in der Immobilie verbleibt. Eine Küche zum Beispiel gilt als fest verbunden mit dem Heim und bleibt gewöhnlich im Verkaufsobjekt. Gleiches gilt auch für die Küchengeräte wie zum Beispiel Herd, Kühlschrank, Heißwasserboiler und Klimaanlage.

Elektrogeräte wie zum Beispiel Geschirrspüler, Waschmaschine und Trockner sind keine Standardausstattung einer Immobilie und werden beim Auszug gern mitgenommen.

Alle diese Details müssen dem Verkaufsagent mitgeteilt werden, damit dies korrekt in die MLS eingegeben und veröffentlicht wird. Auf Basis dieser MLS-Informationen werden die zukünftigen Käuferofferten erstellt und in diesen Offerten werden genau die Gegenstände aufgelistet, die mitverkauft werden.

Im Rahmen des Listingvertrages wird auch festgelegt, ob Sie als nicht US-Bürger unter den FIRPTA – Act (Steuergesetz für den Verkauf von Immobilien in den Vereinigten Staaten) fallen.

Der Listingvertrag regelt auch, wann Sie Showings zulassen und wo eine Lockbox angebracht wird, damit zukünftige Käufer mit ihren Agenten gemeinsam Ihr Heim besichtigen können.

Außerdem werden die Marketingmaßnahmen festgelegt und es wird mit Ihnen abgestimmt, ob Sie Einschränkungen wünschen. Allerdings sollten Sie bei solchen Einschränkungen bedenken, dass Sie damit auch Ihre Chance eines schnellen Verkaufs zum Bestpreis torpedieren könnten.

Es macht wenig Sinn, von Ihrem Agent – wie das in manchen Ländern üblich ist – ein Pocketlisting oder Schubladenlisting zu verlangen. Bei einem solchen Listing darf Ihr Verkaufsagent dieses Listing nicht auf öffentlichen Portalen vermarkten, sondern nur an seine eigene Kundendatenbank versenden. Selbst wenn diese Datenbank 10,000+ Kundenkontakte enthält, kann es bedeuteten, dass Sie nicht den Verkaufspreis bekommen, den Sie sich wünschen.

Vermarktet der Listingagent hingegen öffentlich, dann steht Ihr Verkaufslisting nach Eintrag in die MLS-Datenbank der

Realtor Association auf mehr als 1000 nationalen und weltweiten Internetseiten und Portalen, die eine Reichweite von Milliarden von Usern bieten. Es ist daher nicht sinnvoll eine Vermarktungsbeschränkung vorzunehmen. Ihre Immobilie wird mit dem Eintrag in die MLS zwar zu einer von vielen, aber sie wird auch von Interessentenmassen gesehen.

Die nachstehende Statistik gibt Ihnen einen kleinen Überblick, wie sich der Immobilienmarkt im Januar 2017 in Fort Lauderdale, Florida darstellte:

5486 aktiv gelistete Einfamilienhäuser

982 Immobilien wurden verkauft mit einem durchschnittlichen Verkaufspreis von $381,478.

Der Verkaufspreis ist 5,6 % höher als im Januar 2016.

8951 aktiv gelistete Eigentumswohnungen (Condos)

1088 Immobilien wurden verkauft mit einem durchschnittlichen Verkaufspreis von $197,877.

Der Verkaufspreis ist 4,5 % höher als im Januar 2016.

Wie Sie sicher selbst wissen, ist jede Statistik nur eine Momentaufnahme von dem lokalen Immobilienmarkt. Es gibt viele Kriterien, die diese Statistik beeinflussen und die Werte sind in ständiger Bewegung. Zum Beispiel der Beschäftigungsmarkt, die verfügbaren Immobilien und die Darlehenskonditionen um nur einige zu nennen, sind beeinflussende Fakten.

Fragen Sie Ihren lokalen Immobilienexperten nach den letzten Marktzahlen, damit Sie einen ungefähren Anhaltspunkt bekommen, wie lange Sie noch in Ihrem Heim wohnen werden und wie schnell Sie eine neue Bleibe finden müssen.

Ein Verbleiben in der Immobilie über den Tag des Verkaufsabschlusses(Closing) hinaus, ist nicht zu empfehlen, weil es häufig zu Streitigkeiten zwischen dem ehemaligen und dem neuen Eigentümer kommt nach dem Closing bezüglich der Miete und der Pflege der Immobilie. Solche Streitigkeiten können schnell im Gerichtssaal enden.

Dieser kleine Leitfaden für das erste Gespräch mit Ihrem Immobilienspezialisten ist eine Anregung für Sie, damit Sie sich eine Checkliste mit eigenen Fragen und Erwartungen machen.

Wie können Sie den Verkauf Ihrer Immobilie vorbereiten?

Wenn Sie in Ihrem Heimatland eine Immobilie besitzen oder bereits eine Immobilie verkauft haben, dann gehen Sie wahrscheinlich davon aus, dass alles genau so abläuft. Dem ist nicht so. In den Vereinigten Staaten ist vieles anderes als Sie es von zu Hause kennen und die Immobiliengesetze in einem fremden Land lassen sich nicht eins zu eins übertragen. Etwas das in Ihrem Heimatland erlaubt ist und als normal betrachtet wird, kann in einem fremden Land verboten sein oder Nachteile bringen.

Selbst wenn Sie in Europa die Grenzen zum Nachbarland überschreiten, sind Ihre Kenntnisse im Immobilienbereich schon nicht mehr verwendbar. Es gibt mehr oder weniger große Unterschiede zwischen Großbritannien, Frankreich und Deutschland und die Unterschiede zwischen den Vereinigten Staaten sind noch entschieden grösser.

Lassen Sie uns jetzt den Fokus wieder auf den Immobilienverkauf in Florida richten. Wie Sie Ihre Entscheidung treffen, ob und warum Sie Ihre Immobilie verkaufen, haben wir bereits in den vorstehenden Kapiteln betrachtet.

Welche Services und Dienstleistungen ein Real Estate Professional in Florida für Sie erbringt, haben wir bereits erläutert und die Umsetzung dieser Services werden wir in dem Teil Immobilientransaktion noch sehen.

Der nächste Punkt, den wir untersuchen, sind Ihre Aufgaben in der Verkaufstransaktion. Es reicht nicht, dass Sie Ihren Immobilienexperten beauftragen, Ihr Haus zu vermarkten. Ihr Heim muss mindestens dem Marktdurchschnitt in der direkten Umgebung entsprechen, um einen Käufer anzulocken.

Wenn Ihre Immobilie dem Durchschnitt der Nachbarimmobilien entspricht, dann werden Sie auch nur den durchschnittlichen Verkaufspreis für diese Community erhalten. Sie wollen doch sicher einen besseren Preis erzielen – oder etwa nicht? Jeder Dollar, den Sie über dem Durchschnittspreis erzielen ist ein Dollar mehr für Ihre zukünftigen Träume.

Was meinen wir damit? Ganz einfach – um aus der Masse der Immobilien heraus zu stechen, können Sie mit vielen Kleinigkeiten Ihr sogenanntes *Curb-Appeal* (Attraktivität Ihrer Immobilie) verbessern.

Die Maßnahmen zur Steigerung des Curb Appeal sind nicht unbedingt teuer und können häufig mit etwas Arbeitseinsatz und Schweiß schnell umgesetzt werden. Allerdings sollten alle visuellen Maßnahmen erledigt sein, bevor Ihr Real Estate Professional zum Fotoshooting für Ihr Heim kommt.

Diese Fotos der Immobilie sind unerlässlich für die erfolgreiche Onlinevermarktung und ansprechende Immobilienbilder ziehen zahlungskräftige Käufer an. Je zahlreicher und je schneller die ersten Käufer kommen, desto schneller werden Sie Ihr Heim verkaufen, das Geld einstreichen und sich auf Ihre neuen Ziele konzentrieren können.

Im Folgenden stelle ich Ihnen einige Anregungen zur Hebung des Curb Appeals Ihrer Immobilie vor. Es handelt sich um Empfehlungen, die auf unseren Erfahrungen als Real Estate Broker basieren.

Extra guter Hausputz für den Verkauf

Beginnen wir mit dem einfachsten Weg, den Wert Ihrer Immobilie zu heben: Die Reinigung aller Ecken und Winkel in allen Räume. Damit meinen wir nicht nur das Entfernen von Spinnweben, die häufig in Florida zu finden sind und die für ein trockenes Haus sprechen.

Wir meinen nicht nur, dass Putzen und Schrubben von Fußböden, Badezimmern und Küche, sondern auch das Kalk entfernen auf Armaturen und eventuell vorhandenen Rostflecken auf Ablageflächen.

Im Badezimmer sind die Abflussrohre von Waschbecken und Badewanne mit entsprechenden Haushaltsmittel von Verstopfungen und Seifenresten zu befreien, damit das Wasser ohne Aufstau abfließt.

Besonders über dem Kochfeld ist der Fettfilm vom Kochen und Braten zu entfernen. Der Kühlschrank und das Eisfach sind abzutauen und zu reinigen. Mit dem Entfernen von Fettfilmen reduzieren Sie Kochgerüche und mit dem Entfernen von Eisansatz verbessert sich die Kühlleistung des Kühlschranks.

Wenn Sie Ihre Waschmaschine und Trockner mitverkaufen, dann sollten Sie auch hier die Waschmittelreste in und auf der Waschmaschine entfernen. Das Flusensieb im Trockner ist ebenfalls zu reinigen, damit der Trockner gut gepflegt aussieht.

Bei der Klimaanlage sollten Sie den Filter tauschen und die Abdeckungen der Luftein- und -auslässe reinigen, sowie die Ventilationsschächte kontrollieren und eventuell professional aussagen lassen.

Das Putzen der Fenster und Türen ist selbstverständlich, denn Sie wissen sicher selbst, dass ein Haus dunkel und unfreundlich aussieht, wenn es nicht sonnendurchflutet ist.

Mit diesen Tipps können Sie Ihrem Haus einen frischen und sauberen Look geben und verteilte Lufterfrischer im ganzen Haus erledigen den Rest. Potentielle Käufer sind nicht daran interessiert Ihre persönliche Duftnote zu riechen und den Kalkrand von den letzten Monaten zu entdecken.

Diese Maßnahmen verbessern nicht nur das Erscheinungsbild Ihrer Immobilie, sondern helfen Ihnen auch bei der späteren Hausinspektion, die in einem der folgenden Kapitel beschrieben wird.

Kleinere Ausbesserungsarbeiten vor dem Verkauf

Im vorstehenden Kapitel haben wir Maßnahmen betrachtet, die Sie durchführen können ohne zusätzliche Ausgaben für den Verkauf. Allerdings gibt es auch Dinge, die sich nicht mit einer gründlichen Reinigung beheben lassen.

Wenn zum Beispiel Ihre Wasserhähne alt und unmodern sind, aber Ihr Badezimmer noch in relativ modernem Zustand, dann macht es wenig Sinn das gesamte Badezimmer zu renovieren, um es aufzuwerten. In einem solchen Fall empfiehlt sich der Austausch von Armaturen, die den gleichen Effekt erzeugen können.

Es ist auch zu empfehlen, durch sämtliche Räume zu gehen und kleine, kostengünstige kosmetische Updates vorzunehmen. Zum Beispiel verschmieren Sie das offene Loch eines Dübels in die Wand mit etwas Gipspaste. In Florida gibt es in den meisten Häusern keine Tapeten, so dass es einfach ist, diese Reparatur zu erledigen und dann diese Stelle mit ein wenig passender Farbe unsichtbar zu machen.

Im Falle, dass Ihre kleinen Kinder-Picassos die Wände mit Gemälden dekoriert haben, werden Sie um das Überstreichen mit einer modernen, attraktiven Farbe nicht herumkommen.

Nichts ist für einen potentiellen Käufer abschreckender als sichtbare Vernachlässigung Ihres Heims. Ein Käufer wird Ihnen das nicht direkt ins Gesicht sagen, aber die Offerte, die er gegebenenfalls macht, spricht eine äußerst deutliche Sprache.

Für weitere Anregungen können Sie uns gern kontaktieren, denn wir sind daran interessiert, dass Sie Ihre Immobilie zum bestmöglichen Preis verkaufen.

Garten Make-Over für den Verkauf

Bisher haben wir uns auf das Innere des Heims konzentriert und jetzt ist der Garten mit der Bepflanzung dran sowie – falls vorhanden - der Pool, das Bootsdock und der Patio.

Wenn Sie im Garten einen Pool haben, dann sollte dieser mit sauberen, blau leuchtendem Wasser gefüllt sein. Dass die Pumpe und alle Reinigungsgeräte des Pools im 1A Zustand sind, bedarf sicher keiner Erwähnung.

Das Pooldeck ist selbstverständlich gereinigt mit einem Hochdruckreiniger und hat keine hässlichen dunklen Flecke. Die Gartenmöbel auf dem Patio haben keine fleckigen oder geflickten Kissen und Auflagen.

Abgeplatzte Farbe am Haus oder am vorhandenen Gartenzaun sind nicht akzeptabel und sind vor der ersten Besichtigung zu beseitigen.

Sobald die Immobilie auf dem Markt angeboten wird, ist der Rasen kurz gemäht und die Pflanzenbeete und Rabatten frei von Unkraut zu halten. Ein ganz schlechtes Bild erzeugen vertrocknete Palmenblätter, die entweder herunter baumeln oder auf dem Rasen verstreut herumliegen.

Die Beregnungsanlage des Gartens ist funktionstüchtig und sorgt für die regelmäßige Bewässerung der grünen Oase.

Der Briefkasten und die Hausnummer am Haus sind ebenfalls in gepflegtem Zustand und machte es einem Käufer leicht, Ihr Haus zu finden.

Immobilienpapiere zusammentragen

Nachdem wir das innere und äußere Erscheinungsbild Ihrer Immobilie betrachtet haben, kommen wir jetzt zu den Immobiliendokumenten.

Wie die Immobiliendokumente in Ihrem Heimatland verwaltet werden, wissen Sie selbst am besten. In Deutschland werden diese im Grundbuch erfasst und ausgewiesen. Dieses Grundbuch ist eine Registrierung beim zuständigen Amtsgericht und alle dort dokumentierten Details gelten als richtig und glaubhaft.

Die Einsicht in dieses Grundbuch ist nur mit einem wichtigen Grund zulässig und das bedeutet, es kann nicht ohne weiteres eingesehen werden. Bei berechtigtem Interesse kann ein kostenpflichtiger Grundbuchauszug beim Amtsgericht angefordert werden.

In den Vereinigten Staaten ist dies anders. Alle Dokumente, die zu einer Immobilie gehören, sind öffentlich – public records - und können jeder Zeit und von jedem eingesehen werden. Es bedarf keines Grundes oder Antrags und ist nicht mit Kosten verbunden.

Als Real Estate Professional kann ich jederzeit alle öffentlichen Eintragungen einsehen und eine Kopie ausdrucken. Jede Eigentumsurkunde, jeden Vertrag, jede Steuerzahlung und vieles mehr.

Sie als Eigentümer sollten Originale dieser Dokumente besitzen und Ihrem Immobilienexperten diese Dokumente auf Verlangen zur Einsicht vorlegen können.

Wichtige Dokumente sind unter anderem die jährliche Immobiliensteuerrechnung und eine Dokumentation über die ordnungsgemäße Bezahlung dieser Steuern.

Sollten die Steuer nicht bezahlt worden sein, so werden die fälligen Steuerbeträge im Rahmen der Abschlussabrechnung vom Verkaufserlös einbehalten und an die zuständige Behörde abgeführt.

Zu diesem Bereich gehören auch Dokumente, die im Zusammenhang mit Scheidungen und Erbschaften mit dem Gericht registriert worden sind. Diese Dokumente sind notwendig, um die Eigentumsverhältnisse der Immobilie nachzuweisen.

Wenn Sie ein Haus besitzen, dann sollte Ihnen auch eine sogenannte Survey des Grundstücks vorliegen. In Deutschland handelt es sich dabei um Katasterpapiere einer Immobilie. In den Vereinigten Staaten besitzt nur der Eigentümer diese Papiere und sie werden nur für den Eigentümer gegen entsprechende Bezahlung von einem Vermessungsunternehmen erstellt.

Wenn Sie diese Papiere nicht oder nicht mehr besitzen, so ist das für Sie nicht weiter von Bedeutung. Als Verkäufer müssen Sie diese Papiere nicht bereitstellen und der potentielle Käufer wird diese auf eigene Kosten besorgen müssen.

Wann und welche Reparaturen und Renovierung haben Sie durchgeführt?

Oben haben wir bereits einige Verbesserungsoptionen Ihrer Immobilie beschrieben. Bei diesen Empfehlungen handelt es sich um kleine Korrekturen des Erscheinungsbildes Ihrer Immobilie mit dem Ziel den Verkaufserlös zu erhöhen.

Lassen Sie uns jetzt zu Reparaturen, Modernisierung und Erneuerung kommen, die Sie während Ihrer Eigentumsperiode vorgenommen haben.

Als solche Veränderungen gelten Dacherneuerung, Austausch von Fenster und Türen sowie die Modernisierung von Strom- und Wasserleitungen. Bei diesen Modernisierungen oder Änderungen handelt es sich um Maßnahmen, die dem geltenden Baucode des Staates Florida unterliegen und die nur mit entsprechenden Genehmigungen von der Stadt erledigt werden dürfen.

Solche Bauvorhaben sollten vor der Ausführung bei der Stadt beantragt worden sein und Sie haben eine entsprechende Erlaubnis für die Ausführung erhalten. Während der Durchführung kommt der zuständige Bauinspektor und kontrolliert die Arbeit. Nach Fertigstellung kommt der Inspektor zu Abnahme der Maßnahme und erteilt ein Fertigstellungsdokument. Mit diesem Fertigstellungsdokument ist das Bauvorhaben ordnungsgemäß abgeschlossen und wird in den öffentlichen Dokumenten archiviert.

Diese Papiere sind für einen Verkauf extrem wichtig, weil beim Fehlen dieser Dokumente der Eigentümer sein Heim illegal verändert hat. Der Eigentümer ist für dieses Vergehen haftbar und erhält eine Geldstrafe. Das fehlende Dokument erzeugt eine sogenannte Cloud (Fehler in den Immobiliendokumenten) und diese muss vor dem Abschluss der Verkaufstransaktion bereinigt werden. Details zu diesem Thema finden Sie in dem Kapitel über die Title Untersuchung (entspricht einer Grundbucheinsicht).

Dies gilt übrigens nicht nur für Veränderungen innerhalb des Gebäudes, sondern auch für Anbauten und andere bauliche Maßnahmen wie zum Beispiel den Bau eines Pools oder eines Zauns.

Sollten im Rahmen von solchen Baumaßnahmen noch offene Rechnungen bestehen, so führen diese zu einer Belastung der Immobilie mit einem sogenannten Lien (entspricht einer Belastung der Immobilie), das ebenfalls im Rahmen des Closings zu bezahlen ist.

Wie alt sind die Elektrogeräte in Ihrer Immobilie und gibt es einen Wartungsvertrag?

Kommen wir jetzt zum letzten Punkt, den Sie auch nicht vernachlässigen sollten, weil spätestens der Homeinspektor Ihnen diese Fragen stellen wird.

Jedes Elektrogerät hat eine Standardlebensdauer und diese wird bei der Hausinspektion zu Grunde gelegt, damit eine Bewertung getroffen werden kann, wie lange die Geräte noch funktionsfähig sind und wann mit einem Austausch zu rechnen ist.

Diese Informationen können den Kaufpreis der Immobilie beeinflussen. Sollten die Geräte am Ende Ihrer Lebensdauer sein, so wird der Käufer dies als Basis für Preisverhandlungen nehmen. Bei Altgeräten am Ende der Standardlebensdauer hat der Käufer mit dem kurzfristigen Ersatz der Geräte zu rechnen und dies wird seine Erwerbskosten erhöhen oder eventuell überschreiten.

Vielleicht haben Sie als Eigentümer einen sogenannten Home Warranty Vertrag. Ein solcher Vertrag deckt für einen festgelegten Zeitraum alle Reparatur- und Ersatzkosten für die Elektrogeräte im Haus. Ein solcher Vertrag kann meist bis zum vereinbarten Vertragsablauf auf den neuen Eigentümer übertragen werden. Anschließend kann der Käufer entscheiden, ob er den Wartungsvertrag fortführen möchte.

Dieser Vertrag ist nicht mit der sogenannten Hausversicherung zu verwechseln. Die Hausversicherung deckt Schäden, die durch Sturm, Wasser oder Feuer entstehen und diese ist gewöhnlich nicht übertragbar.

Aufgrund der geografischen Lage von Florida und der geringen Elevation ist eine Flutversicherung an vielen Orten notwendig. Ob diese für Ihre Immobilie erforderlich ist, können Sie in den staatlichen Flutkarten prüfen. Die Übertragbarkeit dieser Versicherung müssen Sie mit Ihrer Versicherungsgesellschaft klären

Warum sind die obigen Details für den Verkauf wichtig?

Sie haben sicher die dargelegten Anregungen richtig verstanden: der äußere Eindruck Ihres Heims ist Ihre Visitenkarte zu dem Herz Ihres potentiellen Käufers. Je attraktiver diese Visitenkarte ist, desto eher ist der Käufer bereit einen höheren Preis dafür zu zahlen.

Eine Einstellung *Take it or leave it* – nimm' es oder lass es sein – ist definitiv nicht der richtige Mindset für einen erfolgreichen Immobilienverkauf in Florida. Sie sind mit Ihrer Immobilie ein Teil eines Immobilienpools, in dem nur die fittesten die größten Verkaufserlöse erzielen.

Ob Sie die vorstehenden Tipps als wertvoll und wichtig erachten, müssen Sie selbst entscheiden. Es kommt wie so oft im Leben auf Ihre Motivation für den Verkauf Ihrer Immobilie an und welche Ziele Sie mit dem Verkaufserlös anstreben.

Wenn Sie die Immobilie verkaufen wollen, weil Sie eine größere oder an einem exklusiveren Standort kaufen wollen, dann sollte es in Ihrem Interesse liegen, für Ihre Immobilie den höchsten Verkaufspreis zu erzielen. Dieses Ziel werden Sie nur erreichen, wenn Ihr Heim tipptopp ist und im oberen Bereich vergleichbarer Immobilienobjekte in Ihrer Nachbarschaft liegt.

Mit einem hohen Verkaufspreis werden Sie mehr Liquidität für Ihr neues Traumhaus haben und der Finanzierungsanteil wird geringer sein. Das resultiert nicht nur in einer niedrigen monatlichen Darlehensrate, sondern auch in einer schnelleren Abzahlung des Darlehens.

Wenn Ihre Motivation der Umzug in eine kleinere Immobilie ist, dann wird vielleicht nicht der höchste Verkaufspreis Ihr Ziel sein, sondern eher die schnelle und problemlose Abwicklung der Transaktion. In diesem Fall wird es ausreichen, wenn Ihre Immobilie keine größeren Renovierungen benötigt und alle verkauften Bestandteile der Immobilie in gutem Zustand und funktionstüchtig sind.

Wenn Sie aus einer Notsituation heraus verkaufen, weil Sie die Kreditraten zum Beispiel nicht mehr bezahlen können, dann erübrigt sich die Frage nach Updates und Modernisierung. Sie werden einfach nicht das nötig Geld dafür haben, anderenfalls würden Sie schließlich Ihr Heim nicht verkaufen.

Im Falle einer Erbschaft und dem damit verbundenen Verkauf sollten Sie unbedingt einen Anwalt und einen Steuerberater konsultieren, um Ihre bestehende Situation zu analysieren. Erst wenn Sie sich mit beiden abgestimmt haben, sollten Sie eine Entscheidung treffen, wieviel Geld und Zeit Sie in die obigen Empfehlungen investieren. Es könnte nämlich sein, dass Sie dieses Investment beim Verkauf nicht erlösen werden.

Für weitere Fragen stehen wir Ihnen gern zur Verfügung. Bitte senden Sie uns Ihre Anfrage an die Emailadresse am Ende des Buches.

Jetzt tritt der Immobilienspezialist in Aktion

Als Verkäufer sind Sie jetzt bestens vorbereitet und können sich getrost zurücklehnen, wenn Sie die obigen Empfehlungen umgesetzt haben. Ihr Immobilienspezialist übernimmt jetzt die nächsten Aktivitäten.

Ihre Aufgabe ist es jetzt, geduldig auf den ersten Käufer mit seinem Angebot zu warten und für Rückfragen des Ihres Listing Agent bereitzustehen.

Gemäß dem Listingvertrag wird Ihr Immobilienexperte alle notwendigen Maßnahmen für eine erfolgreiche Transaktion ergreifen.

Als erstes wird er Ihnen eine Kopie des Listingvertrags zukommen lassen und mit Ihnen die Vorbereitungen für das Fotoshooting Ihrer Immobilie abarbeiten.

Sie sollten Ihr Heim aufräumen und alle persönlichen Dingen, die einen Käufer abschrecken können, entfernen. Das gleiche gilt für Gegenstände, die Sie nicht mitverkaufen wollen, anderenfalls möchte Ihr Käufer genau diese mit kaufen. Wir sprechen nicht von Möbelstücken, sondern von besonderen Lampen oder Kronleuchtern.

Bitte vergessen Sie nicht Ihren Schmuck und Ihre Medikamente entweder an einen Ort außerhalb Ihrer Immobilie zu bringen oder diese unter Verschluss zu halten.

Wenn dies erledigt ist, werden die professionellen Fotos Ihrer Immobilie geschossen und in die MLS hochgeladen. Diese Fotos sowie alle notwendigen Daten der Immobilie werden national und weltweit an alle angeschlossenen Internetseiten und Portale weiter verteilt.

Die Lockbox mit den Ersatzschlüsseln für Ihre Immobilie wird an einer Ihrer Eingangstüren installiert und die gewünschten Showingzeiten werden in die MLS eingetragen, so dass jeder Käufer Agent elektronisch ein Showing beantragen kann.

Sie teilen Ihrem Agenten mit, welche Finanzierungs-methoden Sie akzeptieren, wieviel Earnest Money (Beschreibung erfolgt im Kapitel Titlegesellschaft) Sie erwarten, ob Sie bereit sind Reparaturen durchzuführen und ob Sie bereits eine Title Company für die Abwicklung Ihrer Transaktion ausgewählt haben.

Ihr Agent wird Ihnen nach dem Fotoshooting Marketingflyer bereitstellen, die Sie an Ihre Freunde, Nachbarn und Bekannten verteilen können. Für potentielle Käufer ist ein solcher Flyer zum Mitnehmen bei der Immobilienbesichtigung gleichfalls ein gutes Werbemittel. Es erhöht den Erinnerungswert beim Käufer.

Eine weitere Marketingmaßnahme, die in Florida üblich ist, ist ein entsprechendes Schild des Listingoffice und Ihres Immobilienexperten. Dieses Schild steht in Ihrem Vorgarten und bietet jedem vorbeifahrenden oder vorbei flanierenden Nachbarn die Möglichkeit, Ihren Agenten zu kontaktieren.

Sie allerdings sollten sich auf keinen Fall als Auskunftsperson missbrauchen lassen, weil Sie im Eifer des Verkaufsgefechts Informationen preisgeben könnten, die Ihre Verhandlungsposition schwächen. Außerdem können bei solchen Gesprächen schnell Emotionen entstehen, die Ihre Verkaufschancen beeinflussen. Sie haben Ihren Immobilienexperten genau für diese Kommunikationsaufgabe und die Beantwortung auftretender Fragen angeheuert.

Ihr Immobilienfachmann erledigt alle notwendigen Verhandlungen und Papierarbeiten für Sie und reduziert Ihr Risiko, Fehler zu machen. Ein FSBO – For Sale by Owner - muss alle anfallenden Aufgaben und Gespräche selbst erledigen und trägt das volle Risiko für seine Handlungen in einem solchen Verkaufsprozess. Fehler, die ihm unterlaufen, können kostspielig enden.

Wir haben alle wichtigen Vorbereitungsdetails für die Verkaufstransaktion beschrieben und jetzt ist es Zeit, die erfolgreiche Verkaufstransaktion durchzuspielen. Sie gewinnen damit die Einsicht, was Sie erwartet und wie Sie innerhalb der einzelnen Schritte mithelfen können, die Transaktion für Sie schnell und erfolgreich abzuschließen.

Auf geht's!

Die Immobilienverkaufstransaktion in den Vereinigten Staaten – Beispiel Florida

Nach den vorausgeschickten Informationen über die Immobilienbranche in Florida, können wir uns dem nächsten Schritt zuwenden: Der erfolgreichen Vermarktung Ihrer Immobilie und deren Verkauf.

Sicher sind Sie schon gespannt, wie Sie jetzt Ihre Immobilie zum bestmöglichen Preis verkaufen. Es ist unbedingt notwendig, dass Sie sich vorab über die wichtigsten und entscheidendsten Punkte beim Ablauf Ihres Vorhabens *Immobilienverkauf im Ausland* informierten und sich erste Gedanken zu den erforderlichen Maßnahmen machten. Sie haben jetzt eine klare Vorstellung, was Sie erwartet und wie der Real Estate Professional Ihnen helfen wird, Ihr Ziel erfolgreich zu erreichen.

Ihr neues Wissen, das Sie sich in den ersten Kapiteln angeeignet haben, erleichtert es, den für Sie passenden Immobilienspezialisten zu finden. Sie wissen, was Sie Ihren Experten fragen sollten und merken sehr schnell, ob der Real Estate Fachmann weiß, wovon er spricht und Sie nicht als unwissend behandelt.

Es ist für Sie nun leichter, die wichtigsten Fragen zu stellen und diese mit Ihrem Agenten intensiv zu diskutieren. Sie haben eine klare Vision, welchen Verkaufserlös Sie erwarten und wie Sie dieses Ergebnis erzielen wollen.

Eine solche Vorbereitung ist wesentlich angenehmer und beruhigender für Sie, als sich auf die Nachbarschafts- und Freunde-Gerüchteküche zu verlassen. Diese Gerüchteküche ist sehr unzuverlässig und hängt stark von den persönlichen

Erfahrungen des jeweiligen Nachbarn oder Ihres Freundes ab.

Vergessen Sie nie, was bei Ihrem Freund oder Nachbarn geklappt hat, muss bei Ihrem Vorhaben *Immobilienverkauf im Ausland* noch längst nicht klappen. Jede Immobilie ist einzigartig und muss dementsprechend vermarktet werden. Sie und Ihr Immobilienspezialist werden ein eingespieltes Team sein und kein Stein auf dem Weg zum Closing wird Sie aufhalten.

Ihr Immobilienspezialist wird Ihnen die einzelnen Schritte der Abwicklung einer Verkaufstransaktion in den Vereinigten Staaten, die völlig unterschiedlich ist zu vielen anderen Ländern der Welt, erklären. Der Immobilienfachmann hat einen weitaus umfangreicheren Aufgabenkatalog als zum Beispiel in Deutschland abzuarbeiten und Sie werden gemeinsam die einzelnen Arbeitsschritte erfolgreich bewältigen. Ihr Immobilienexperte ist der Dreh- und Angelpunkt Ihrer Immobilientransaktion und wird diese mit Ihnen gemeinsam mit dem bestmöglichen Resultat erfolgreich abschließen.

Ihr Immobilien Agent wird Ihnen den komplexen Verkaufsprozess leicht und verständlich darstellen, damit Sie schnell und stressfrei Ihre notwendigen Entscheidungen treffen und die Immobilie verkaufen. Sie werden sich schnell mit dem Verkaufserlös auf den Weg zu Ihrem neuen Ziel machen. Nur wenn Sie ein glücklicher Immobilienverkäufer sind, wird auch Ihr Immobilienagent zufrieden sein, denn er bekommt seine Kommission nur, wenn der Käufer gezahlt und die Immobilie den Eigentümer gewechselt hat.

Auf geht's zum Kickoff des Projekts *Immobilienverkauf im Ausland*.

Grundsätzliches für Verkäufer

Sobald Sie einen Listingvertrag mit einem Immobilienspezialisten abgeschlossen haben, leben Sie nur noch auf Zeit in Ihrem Haus oder Eigentumswohnung. Mit Hilfe des Immobilienmarketings Ihres Agents wird Ihre Immobilie Milliarden von potentiellen Käufern vorgestellt. Bei Interesse werden diese um einen Besichtigungstermin bitten. Dies ist insbesondere dann der Fall, wenn diese Immobilie zum Erstwohnsitz oder Primary Residence gedacht ist.

Wenn die Immobilie als Investmentobjekt geplant ist, dann erübrigt sich eine persönliche Besichtigung, allerdings ist eine Hausinspektion in jedem Fall zu erwarten. In den Vereinigten Staaten gilt der Grundsatz: *Buyer beware* – was so viel heißt, Käufer mach Dich schlau.

Der Immobilienverkäufer darf keine Defekte verschweigen, aber er muss nicht jede Kleinigkeit bekannt geben. Die Regel ist, dass der Verkäufer Informationen bereit zu stellen hat, die den materiellen Wert einer Immobilie beeinflussen. Solche Informationen sind zum Beispiel, ob ein Dachschaden zu befürchten ist, weil das Dach am Ende seiner Lebensdauer ist.

Der Käufer muss sich Gedanken machen, was für ihn wichtig ist und diese Details für sich herausfinden mittels geschickter Fragen und der Hausinspektion, auch wenn eine Hausinspektion in seinem Heimatland nicht üblich ist. Sich ausschließlich auf die Informationen des Verkäufers zu verlassen, ist nicht ratsam.

Vorbereitung des Verkäufers auf die Hausbesichtigung der Käufer

Wenn Ihr Listing Agent Sie bis jetzt noch nicht auf den Besuch von potentiellen Käufern vorbereitet hat, dann ist es jetzt unbedingt Zeit, dies zu tun. Die Besichtigung Ihres Heims ist nicht zu behandeln wie der Besuch von Freunden oder Familie.

Wenn die Familie oder Freunde auf ein Stündchen vorbeischauen oder die Familie zum Geburtstag kommt, so ist dies nicht vergleichbar mit den kritischen Augen eines Käufers.

Bei der Besichtigung eines Käufers muss Ihr Heim blitzen und blinken in der Küche und im Bad. Staub- und Wollmäuse sind ein no-go. Das Schlafzimmer und die Schränke sollten aufgeräumt, übersichtlich und ordentlich sein. Zusammen geknäulte Blusen und T-Shirts im Schrank und schmutzige Wäsche auf dem Boden zeichnen ein schlechtes Bild von Ihnen. Es können dazu führen, dass dieser Eindruck auch auf andere Bereiche Ihrer Immobilie übertragen wird wie zum Beispiel die Instandhaltung.

Die Familie und Freunde besuchen Sie als Bekannte und Sie kennen einander. Wenn bei einem solchen Besuch ein Kissen einmal nicht akkurat auf dem Sofa liegt, dann ist das verzeihlich, aber nicht wenn ein Käufer kommt.

Das gleiche gilt auch für persönliche Dinge wie zum Beispiel Familienfotos. Für Familienmitglieder und Freunde sind solche Bilder okay und ein attraktives Accessoire für ein Heim, aber für einen Käufer können solche Details störend wirken. Der Käufer kommt in Ihr Heim und will sich in Ihrem Heim als neuer Eigentümer fühlen. Das funktioniert selten, wenn ihm Ihre Familie von Fotos entgegen lacht.

Neben Familienfotos sollten Sie auch Ihren Schmuck und andere Wertsachen sowie Ihre Medikamente unter Verschluss nehmen. Wir sagen damit nicht, dass Käufer etwas wegnehmen, aber wie Sie sicher selbst wissen kann ein Immobilienfachmann nicht jeden Käufer im Auge behalten, wenn mehr als ein Käufer zu einer Besichtigung kommt. Außerdem kennen Sie sicher das Sprichwort *Gelegenheit macht Diebe* und so etwas muss nicht sein.

Nach diesen offensichtlichen Aufräumaktionen ist auch Entrümplung angesagt. Wir wissen, es ist häufig schwer, sich von Dingen zu trennen, die nicht mehr genutzt werden. Man weiß schließlich nie, ob das eine oder anderes nicht doch noch gebraucht wird. Aber wenn Sie Ihre Immobilie verkaufen wollen zu dem von Ihnen gewünschten Preis, dann werden Sie diese Entrümplung durchführen müssen.

Eine solche Entrümplung ist auch für die Garage oder den Waschraum mit Waschmaschine und Trockner durchzuführen. Diese Räume werden bei solchen Maßnahmen häufig vergessen, aber ein Käufer wird diese Unachtsamkeit bemerken.

Für den Käufer ist Ordnung deshalb so wichtig, weil die Waschmaschine und der Trockner häufig in der Immobilie verbleiben und kein Käufer will vernachlässigte Waschmaschine und Trockner kaufen. Gleiches gilt auch für den Heißwasserboiler und den Airhandler der Klimaanlage, die häufig in diesen Räumen stehen.

Der Wasserboiler sollte möglichst keinen Rost aufweisen und einen entsprechenden Energieausweisaufkleber besitzen. Die Waschmaschine und der Trockner sollte ebenfalls sauber, ohne Rost und ohne Fusseln im Flusensieb sein. Der Abluftschlauch sollte möglichst gereinigt sein. Unnötiges ist aus diesem Bereich zu entfernen, um alles gut organisiert aussehen zu lassen.

Neben Unordnung verschreckt auch der sogenannte *Clutter* – das bedeutet so viel wie Kram und Durcheinander – den potentiellen Käufer. Dieser Kram sammelt sich häufig in Zimmerecken, dem Waschraum und in der Garage an. Es fällt schwer, diesen Kram wegzuwerfen, weil er schließlich viel Geld gekostet hat.

Schlafzimmer .

Für eine Käuferbesichtigung ist dieser Kram allerdings nicht akzeptable. Dieser Kram macht die Zimmer und Garagen kleiner und kann den Käufer eine kleine Immobilie vorgaukeln, die in Wirklichkeit genau die Größe hat, die er sucht.

Um dieses Problem zu lösen gibt es unterschiedliche Lösungen. Die erste ist ein Garagenverkauf, auf dem Sie Ihren Kram, der zum Wegwerfen zu schade ist, verkaufen. Sie kennen sicher den Spruch *someone's trash is another ones treasure* – der Müll des einen ist dem anderen sein Schatz.

Auf einem solchen Garagenverkauf können Sie den einen oder anderen Dollar einnehmen. Allerdings können Sie nicht den Preis erwarten, den Sie einst bezahlt haben. Ein solcher Verkauf ist immer noch besser, als den Kram an die Straße für die Müllabfuhr zu stellen.

Wohnzimmer

Eine andere Option ist die Einlagerung in einer Storageunit in einem der vielen privaten Lagerhäuser. Eine solche Einlagerungsunit ist unbedingt vor der ersten Besichtigung anzumieten und der überflüssige Kram einzulagern. Herumstehende Möbelstücke und Dekorationen oder Kartons verkleinern die Räume und wirken immer unordentlich.

Ein Käufer ist immer daran interessiert die größtmögliche Immobilie für das kleinstmögliche Geld zu bekommen. Um das zu erreichen, muss alles und wir meinen wirklich alles, dass den Raum verkleinert, entfernt werden. Die übrigen Möbelstücke sind so zu platzieren, dass die Räume groß und einladend für den Käufer aussehen.

Ein weiterer Makel in einer Immobilie ist der Geruch. Wenn Sie zum Beispiel Raucher sind und in der Immobilie geraucht haben, dann ist es unabdingbar, diesen Rauchgeruch zu entfernen. Oder wenn Sie Tiere haben, so ist es unbedingt erforderlich, Tiergerüche zu überdecken und die Tiere selbst mindestens während der Besichtigung aus der Immobilie zu entfernen. Nicht jeder Käufer mag Tiere und schon gar nicht den Geruch von diesen.

Wie bereits erwähnt, Geruch und Sauberkeit ist die erste Priorität bei der Präsentation Ihres Heims. Dies gilt auch für das Badezimmer und die Küche.

Im Badezimmer sind Wasser- und Kalkflecke auf Waschbecken und Badewanne sowie auf den Armaturen nicht erlaubt. Diese zeigen Nachlässigkeit in der Pflege des Badezimmers. Auch die Fliesen und deren Zwischenräume sollten mit Essigreiniger und Bürste kräftig geschrubbt werden.

Sie sollten auch überlegen, ob es eventuell Sinn macht, altmodische Armaturen durch modernere zu ersetzen. Ein solches Update ist mit wenig Geld zu erreichen und kann auf der anderen Seite eine große Wirkung erzielen. Der Käufer erhält den Eindruck, dass das Bad oder die Küche erst kürzlich renoviert wurde.

Kleine Defekte und Beschädigungen an Wänden oder Türen lassen sich schnell beheben mit den geeigneten Mittel aus dem Baumarkt. Das kostet nicht viel, kann allerdings eine große Wirkung haben.

Sollten die Beschädigungen grösser sein oder die Wandfarbe in einem der Zimmer etwas gewöhnungsbedürftig sein, dann lässt sich dies mit einem Eimer Farbe und einer Malerrolle schnell beheben. Welche Farbe und in welcher Konsistenz die richtige ist, können Ihnen die Verkäufer in dem Baumarkt schnell und einfach erklären. Diese Verkäufer sind häufig eine wertvolle Quelle für kleine Renovierungstricks und haben sinnvolle Empfehlungen für Sie.

Vor diesen Renovierungen ist es immer sinnvoll eine Kosten-Nutzen-Analyse zu machen. Die Ausgaben, die Sie tätigen, um Ihre Heim attraktiv und ansprechend für einen Käufer zu machen, muss in der richtigen Relation stehen, zu der Erhöhung des möglichen Verkaufspreises. Es macht keinen Sinn, tausende von Dollars für die Renovierung auszugeben, wenn diese Renovierung nur ein paar hundert Dollar im Verkaufspreis bedeutet. Solche Renovierungen sind zum Beispiel die sogenannten goldenen Wasserhähne in einer mittleren Einkommen-Community.

Küche

Nachdem das Innere Ihres Heims eine Augenweide für den Käufer ist, wenden wir uns nun den Außenanlagen zu. Dieser Part Ihrer Immobilie ist fast noch wichtiger als das Innere Ihres Heims. Wenn ein Käufer sich Ihrer Immobilie nähert, dann ist der äußere Eindruck das erste, das er wahrnimmt.

Wenn das Äußere bereits einen ungepflegten Eindruck vermittelt, dann kann das Innere der Immobilie dies selten wieder ausgleichen. Der äußere Eindruck hat bereits im Kopf des Käufers ein Bild erschaffen, dass auf alle weiteren Bilder einwirken wird und letztlich zu einer Entscheidung gegen Ihr Heim führen kann.

Aussenansicht

Der erste Schritt für gepflegte Außenanlagen ist, dass der Rasen stets wie frisch gemäht aussieht und die Sträucher und Hecken geschnitten sind. Wenn der Rasen zu hochgewachsen ist und die Sträucher wild wuchern, dann sieht dies nicht nur hässlich aus, sondern kann häufig auch zu Strafen von der Stadt führen. Jede Stadt hat Regularien über die Gartenunterhaltung, denn die Vegetation in Florida wuchert schnell und bietet dann einen Unterschlupf für Tiere, die nicht erwünscht sind.

Ein weiterer wichtiger Punkt bei der Pflege der Außenanlagen ist der Pool und das dazugehörende Pooldeck. Zu einem Pool gehört stets eine Reinigungsanlage und eine Umwälzpumpe, die dafür sorgen, dass das Wasser nicht grün und zum Brutplatz von Moskitos wird. Moskitos sind die heimlichen Ureinwohner von Florida und sie sind heute gut unter Kontrolle solange stehende Gewässer entsprechend behandelt und unterhalten werden.

Außerdem muss der Pool auch stets mit Wasser gefüllt sein, damit es nicht zu Beschädigungen des Beckens kommt. Das Wasser im Pool sorgt dafür, dass das Poolbecken genügend Druck aufbaut gegenüber dem umgebenden Boden. Wenn der Pool kein oder nicht genügend Wasser enthält, dann kann das Erdreich das Poolbecken hochdrücken und zu Beschädigungen führen.

Bei luxuriösen Immobilien ist ein wichtiges Feature das eigene Bootsdock im Garten. Als Eigentümer der Immobilie sind Sie für die Unterhaltung des Docks sowie der Ufersicherung – die sogenannte Seawall – verantwortlich. Beim Verkauf einer solchen Luxus-Immobilie sollten Sie auf die bauliche Ordnungsmäßigkeit dieser Feature achten, anderenfalls wird der Käufer Ihnen beim Kauf einen Abzug für die Vernachlässigung in Rechnung stellen.

Weiterhin ist auf mögliche Gewohnheitsrechte bei Bootsdocks zu achten. Nicht alle Docks entsprechen den geltenden City Codes und bei Beschädigungen oder Vernachlässigungen kann die City von Ihnen und Ihrem zukünftigen Käufer eine Anpassung auf die geltenden Bauvorschriften verlangen. Ihr potentieller Käufer wird das nicht ohne Kaufpreisreduzierung akzeptieren. Eine Überprüfung dieses Punktes ist unbedingt zu empfehlen.

Auch der Patio oder Porch sollten in 1A-Zustand sein und den Käufer zum Verweilen einladen. Ein guter Powerwasher kann Verschmutzungen schnell beseitigen und neue Kissen auf den Gartenmöbeln sind nur eine kleine Investition, die allerdings einen großen Effekt erzeugt.

Sollten Sie Ihren Pool und Patiobereich mit einem Screening – Moskitonetzkonstruktion – eingefasst haben, dann ist es eine gute Idee, dass dieses Netz keine Beschädigungen aufweist. Alles andere suggeriert dem Käufer, dass Sie es mit der Unterhaltung der Immobilie nicht so genau nehmen.

Sehen Sie sich bitte auch den Außenanstrich Ihrer Immobilie kritisch an und entfernen Sie Farbbeschädigungen und bestehende Farbveränderungen. Farbveränderungen können zum Beispiel auftreten, wenn Sie Ihren Rasen mit Brunnenwasser bewässern. Häufig enthält Ihr Brunnenwasser Rostpartikel, die sich auf dem Außenanstrich absetzen und zu hässlichen braunen Flecken führen. Solche Flecken können Sie mit einem Reinigungsmittel aus dem Baumarkt schnell und einfach entfernen und ein neuer Anstrich ist nicht erforderlich.

Nach dieser Schritt für Schritt Betrachtung, vergessen Sie bitte nie. Jede Aktion, die Sie im Zusammenhang mit dem Immobilienverkauf durchführen, hat nur einen Zweck: Ihr Heim wie ein Sahnestück auf dem Immobilienmarkt aussehen zu lassen. Der Käufer muss sich gleich bei seinem Eintritt in das Haus oder in den Garten als neuer Eigentümer fühlen. Ihr Immobiliengeschmack ist nicht mehr relevant zu diesem Zeitpunkt.

Um herauszufinden, wie gut Ihre Immobilie bei potentiellen Käufern ankommt, sollten Sie Ihren Listing Broker bitten, von jedem besuchenden Käufer ein Feedback zu erfragen. Mit diesem Feedback finden Sie heraus, ob Sie den Geschmack der Käufer im Markt getroffen haben. Außerdem erfahren Sie so, wo Sie gegebenenfalls noch etwas an Ihrer Immobilie polieren sollten, um den bestmöglichen Eindruck und damit den höchsten Verkaufspreis erzielen zu können.

Sie haben jetzt alles vorbereitet und sind bereit für den ersten Besucher. Es wird sicher nicht bei einem Käuferbesuch bleiben. Wenn Ihr Heim herausgeputzt ist und aus der Masse heraussticht, dann werden sich die Interessenten die Klinke in die Hand geben. Bleiben Sie zuversichtlich und positiv.

Das erste Käuferangebot ist da – was nun?

Die Showings Ihres Heims sind gut angelaufen und viele Interessenten haben Ihre Immobilie in den letzten Tagen besucht, aber bisher ist noch kein Angebot gekommen. Vielleicht fühlen Sie sich etwas entmutigt und frustriert mit der Situation. Vielleicht waren Sie auch nicht mit den Feedbacks – Rückmeldungen – der Interessenten einverstanden.

Lassen Sie sich bitte nicht entmutigen. Es dauert ein wenig, bis genügend potentielle Käufer Ihre Immobilie besucht haben. Sie und Ihre Immobilie stehen im direkten Wettstreit mit vielen anderen Immobilien am Markt. Auch hat jeder Interessent eine eigene sehr persönliche Vorstellung, was ihn an einer Immobilie am meisten anspricht. Das kann der Grundriss sein, das kann die Ausstattung sein, das kann der Garten sein, das kann das Alter des Hauses sein usw. Alle diese Wünsche können Sie nicht beeinflussen, es sei denn, Sie ändern Ihr Haus für den jeweiligen Käufer und dass wollen Sie sicher nicht.

Die nach Showings erhaltenen Feedbacks von potentiellen Käufer sollten Sie sich vorbehaltlos anhören und kritisch mit der Realität Ihrer Immobilie abgleichen. Manchmal sind diese Feedbacks äußerst hilfreich, weil Sie als Eigentümer manchmal eine rosarote Brille aufhaben und einige kleine

Fehler an Ihrem Heim gar nicht mehr sehen. Für Sie ist alles schön und ansprechend, für den neuen Eigentümer ist aber nicht alles perfekt. Versuchen Sie Feedbacks objektiv zu sehen und Anregungen für die Verbesserung der Präsentation Ihres Heims daraus zu ziehen.

Feedbacks, die offensichtlich falsch oder übertrieben sind wie zum Beispiel das Muster der Bodenfliesen gefällt nicht, können Sie getrost ignorieren. Dieser Interessent ist kein Käufer für Ihre Immobilie und sein Feedback ist nicht ehrlich gemeint, sondern eine Hilfsbehauptung. Das wird Ihnen auch Ihr Broker bestätigen.

Ein wichtiges Feedback, dem Sie nach ca. drei bis vier Wochen am Immobilienmarkt und ohne Kaufangebot Aufmerksamkeit schenken sollten, ist der gewünschte Listing oder Verkaufspreis. Ihr Broker wird beim Start des Listings sicher eine Preisempfehlung basierend auf dem aktuellen lokalen Immobilienmarkt gegeben haben. Diese Preisempfehlung ist jeden Monat mit den aktuellen Marktgegebenheit abzugleichen und gegebenenfalls ist der Listingpreis anzupassen. Bei dieser Betrachtung des Verkaufspreises und dessen Anpassung sind aktuelle am Markt gelistete Immobilien sowie kürzlich verkaufte einzubeziehen.

Die derzeit am Markt gelisteten Immobilien zeigen Ihre direkten Mitbewerber um die Gunst der Käufer, während die kürzlich abgeschlossenen Transaktionen einen Hinweis auf Ihre Chance anzeigen, ob Sie Ihr Heim für den gewünschten Preis verkaufen können.

Ist Ihr Listingpreis unterhalb der kürzlich abgeschlossenen Transaktionen, dann ist nicht der Listingpreis das Problem. Das Problem wird in diesem Fall in der Immobilie selbst zu suchen sein. Potentielle Kunden sehen sich nicht als zukünftige Eigentümer und ein Grund könnte zum Beispiel sein, dass die Küche einen etwas veraltetes Design hat oder dass die Klimaanlage zu alt ist und zu viel Strom verbraucht. Einen wichtigen Hinweis, was mit Ihrer Immobilie nicht stimmt, geben die bereits erwähnten Feedback der Interessenten nach einem Showing.

Bei einem Listingpreis oberhalb der kürzlich abgeschlossenen Transaktionen ist häufig Ihre Preisvorstellung zu hoch. Ihre Immobilie und deren Ausstattung und Pflegezustand liegen vielleicht unterhalb des marktüblichen und die Kaufinteressenten empfinden daher Ihre Preisvorstellung als zu hoch. In diesem Fall ist dringend eine Empfehlung Ihres Brokers bezüglich des Listingpreises einzuholen, denn er ist Ihr bester Partner in diesem Bereich. Ihr Agent hat die umfangreichste Marktkenntnis und kann Sie bei der Anpassung des Verkaufspreises beraten.

Sollten Sie diese Betrachtungen nicht einmal monatlich durchführen, kann es passieren, dass Sie auf Ihrer Immobilie sitzen bleiben, während andere Immobilieneigentümer, die später gelistet haben und sich am Marktgeschehen orientieren, schon längst ein Kaufangebot in Händen haben.

Versteifen Sie sich nicht auf einen fixen Preis, bleiben Sie flexible und orientieren Sie sich an den Immobilienmarktveränderungen, die Ihnen Ihr Broker bereitstellt. Der Broker wird Ihr Interesse – möglichst hoher Preis – als sein Ziel sehen, denn je höher der Verkaufspreis, desto höher wird auch sein Kommissionsbetrag und damit sein Verdienst sein. Wenn er Sie falsch berät, dann wird er nichts oder weniger verdienen. Seine Kommission erhält er erst, wenn Sie den Verkaufspreis beim Abschluss erhalten

Nachdem Sie diese Betrachtungen mit Ihrem Broker gemeinsam durchgeführt haben, ist die richtige Entscheidung bezüglich der weiteren Vermarktung und des Immobilienmarketings schnell getroffen. Jede Entscheidung bringt Sie näher zu Ihrem Ziel – den Verkauf Ihrer Immobilie zum bestmöglichen Preis.

Bald wird Ihr Broker mit einer aufregenden Neuigkeit kommen – einer Kaufofferte – und damit ist ein weiterer großer Schritt auf dem Weg zu Ihrem Ziel gemacht.

Die Kaufofferte wird Ihnen von einem interessierten und potenten Käufer unterbreitet. In dieser Offerte wird enthalten sein, zu welchen Kaufpreis der Käufer bereit ist Ihr Heim zu erwerben. Neben dem Kaufpreis wird der Käufer Ihnen mitteilen, wie er den Kaufpreis bezahlen will – bar oder mit Finanzierung –, wieviel Earnest Money – das ist eine Anzahlung auf den Kaufpreis – und wann er den Rest bezahlen möchte.

Wenn dieses Kaufangebot für Sie interessant ist, dann wird es Ihnen ein Leichtes sein, diese Offerte anzunehmen und zu unterschreiben. Mit Ihrer Unterschrift wird diese Kaufofferte des Käufers zu einem rechtlich bindenden Vertrag. Der Besuch eines Anwalts für die Aufsetzung des Kaufvertrages, wie dies zum Beispiel in Deutschland üblich ist, ist nicht notwendig.

Zum besseren Verständnis werden wir jetzt einen solchen Kaufvertrag und dessen Erstellung etwas genauer beleuchten.

Bei der oben erwähnten Kaufofferte handelt es sich um einen Standardvertrag der Anwaltskammer von Florida. Diese Verträge werden auf Basis der bestehenden Immobiliengesetze und einigen Gesetzen der Vereinigten

Staaten erstellt. Diese Verträge sind vollständig ausformuliert und enthalten lediglich offene Positionen, in denen der Käuferagent die notwendigen Vertragsdetails einfügen darf. Auf diese Standardverträge kann jeder lizensierte Immobilienfachmann in Florida zugreifen und darf diese nutzen.

Ein Immobilienfachmann wird diese Standardverträge nicht zum Ausfüllen an eine Privatperson weitergeben, weil der Real Estate Fachmann in diesem Fall bei Fehlern in der Handhabung haftet.

Die Textpassagen in diesen Standardverträgen dürfen weder geändert noch von einem Immobilienfachmann kommentiert werden. Sollte ein Immobilienfachmann Änderungen in dem Vertragstext vornehmen, dann praktiziert er Rechtsberatung und dass ist strafbar, wenn er nicht lizensierter und zugelassener Rechtsanwalt in Florida ist. Diese Regelung gilt in vielen anderen Ländern gleichermaßen.

In die offenen Felder des Standardvertrags werden zum Beispiel der Name des Käufers und Verkäufers sowie deren Adressen eingetragen. Weitere wichtige Details sind die Immobiliendaten wie Adresse, Steuerdaten sowie die Beschreibung, die Lage und Größe des Vertragsobjekts. Zu diesen Daten gehören auch die mit verkauften beweglichen Gegenstände im Gebäude.

Das nächste entscheidende Vertragsdetail ist der Kaufpreis und die Anzahlung auf den Kaufpreis. Der Kaufpreis muss nicht unbedingt dem Listingpreis entsprechen. Der Käufer macht Ihnen, dem Verkäufer, ein Angebot und dieses Angebot ist das, was der Käufer bereit ist zu zahlen. Dieser Verkaufspreis ist stets verhandelbar und zwar von beiden Parteien.

Direkt mit dem Kaufpreis ist der erste Anzahlungsbetrag fällig. Diese Anzahlung sollte nicht unter 10 % des Kaufpreises liegen, denn nur so können Sie als Verkäufer sicher sein, dass der Käufer ein ernstgemeintes Angebot unterbreitet. Mit dieser Anzahlung ist der Käufer an die Einhaltung des Vertrages gebunden und sollte er den Vertrag in der Zukunft platzen lassen, dann wird er diese Anzahlung verlieren und Sie als Verkäufer werden dieses Geld erhalten. Details zu diesem Thema werden in einem der Folgekapitel erläutert.

Damit die Anzahlung auch für den Käufer sicher verwahrt ist, wird in dem Vertrag die Titlegesellschaft festgelegt. Diese Titlegesellschaft fungiert als Treuhänder für die Geldmittel und führt die notwendigen Abwicklungsaktivitäten für die erfolgreiche und lastenfreie Übertragung der Immobilie durch.

Zu diesen Aktivitäten zählen zum Beispiel die Untersuchung der Immobiliendokumente beim Gericht und bei der zuständigen Stadtverwaltung sowie den Versorgungsunternehmen wie zum Beispiel Wasser- und Stromversorgung. Auch die Ablösung von bestehenden Darlehen wird von der Titlegesellschaft betreut.

Die notwendigen Dokumente für die Übertragung der Immobilie vom Verkäufer auf den Käufer sowie die Kostenverteilung für diese Transaktionen werden von diesem Dienstleister erstellt und abgewickelt. Zu diesem Punkt folgen Details in einem der nächsten Kapitel.

Ein wichtiger Bestandteil des Vertrages ist der Abschlusstag – das sogenannte Closing. Dieser Tag liegt normalerweise 30 Tage nach dem Tag, an dem beide Parteien den bindenden Verkaufsvertrag geschlossenen haben. Bis zu diesem

Abschlusstag müssen alle zu diesem Vertrag gehörenden Übertragungsaktivitäten abgeschlossen sein. Alle bestehenden Belastungen, offene Versorgungsrechnungen und eventuell bestehende Steuerrechnungen sind aus dem Verkaufspreis zu bezahlen.

Bei diesem Termin müssen Sie als Verkäufer Ihr ehemaliges Heim verlassen haben und die Schlüssel an den neuen Eigentümer übergeben. Im Gegenzug erhalten Sie nach Abzug aller Kosten und Darlehen den Verkaufspreis ausgezahlt.

Noch ein kleiner Hinweis für Sie als Verkäufer: Wenn der Käufer Ihres Heims kein Barzahler - Cash Buyer - ist, sondern für die erfolgreiche Kauftransaktion einen Kredit von einem Bankinstitut benötigt, dann gelten einige Informationspflichten für den Käufer.

Sobald Sie die Offerte unterschrieben haben und der Kaufvertrag damit rechtlich bindend ist, muss der Käufer umgehend den Kreditgewährungsprozess für die Kaufpreissumme mit einem Kreditinstitut beginnen. Für diese Aktivität ist im Standardvertrag eine Frist vorgegeben.

Der Käufer muss Sie, den Verkäufer, über den Fortgang der Kreditgewährung auf dem Laufenden halten. Das heißt zwar nicht, dass der Käufer Sie über jeden Schritt unterrichten muss, jedoch muss der Käufer Ihnen kurzfristig mitteilen, ob ihm ein Kredit in der erforderlichen Höhe gewährt wird oder nicht.

Der Käufer hat sich mit Abgabe der Offerte verpflichtet, alles Erforderliche durchzuführen, um die Kreditgewährung zu erreichen. Tut er dies nicht, dann riskiert er, dass er die Anzahlung auf den Kaufpreis verliert.

Er wird diese Anzahlung nicht verlieren, wenn das Bankinstitut aufgrund der finanziellen Basis des Darlehnsnehmers/Käufers den Kredit nicht gewähren kann. In diesem Fall darf der Käufer von seinem Recht Gebrauch machen, vom Vertrag schadensfrei zurückzutreten.

Ein kleiner und sehr wichtiger Tipp für Sie: Wenn Ihnen der Käufer den gesamten Kaufpreis als Barzahlung anbietet, dann ist diese ein gutes Zeichen. In diesem Fall muss der Käufer nicht den Finanzierungsprozess durchlaufen und das Risiko, dass der Vertrag aufgrund der fehlenden Darlehnszusage platzt, ist minimiert.

Auch in diesem Fall sollten Sie ein Earnest Money in Höhe von mindestens 10 % des Kaufpreises verlangen und einen Nachweis der Barmittel über den Rest des Kaufpreises. Nur so können Sie sicherstellen, dass der Käufer auch tatsächlich über die finanziellen Mittel für den Kauf verfügt.

Eine weitere Möglichkeit aus dem Kaufvertrag schadensfrei heraus zu kommen ist, wenn die Hausinspektion Mängel bei der Immobilie zu Tage fördert. Der Käufer kann in diesem Fall aufgrund des Hausinspektionsberichts ohne weitere Begründung vom Vertrag zurücktreten und erhält seine Anzahlung zurück. Sie als Verkäufer können in dieser Situation nur der Auflösung des Vertrags zustimmen. Details zu diesem Thema finden Sie im Kapitel über die Hausinspektion und deren Folgen.

Um sich vor diesen unangenehmen Ereignissen in der Verkaufstransaktion zu schützen, können Sie als Verkäufer sich das Recht auf einen Backup-Vertrag (Ersatz oder Zweitvertrag) vom Käufer einräumen lassen.

Mit einer solchen Backup-Vertragsvereinbarung, die übrigens von Ihrem Listing Broker als Ergänzungsdokument in die Offerte eingefügt wird, haben Sie als Verkäufer das Recht, einen Ersatzvertrag mit einem zweiten Käufer zu schließen. Allerdings bleibt dieser zweite Vertrag solange unwirksam wie der Erstvertrag nicht aufgelöst wird.

Bei dem Backup-Vertrag wird die Earnest Money Anzahlung erst fällig, wenn der Erstvertrag aufgelöst ist und der Backup-Vertrag rechtlich bindend wird. Als Verkäufer haben Sie damit die Sicherheit, dass Sie beim Platzen des Erstvertrags sofort in den Zweitvertrag eintreten können und mit diesem den Immobilienverkauf abschließen.

Es gibt noch einige weitere Vertragsfinessen, die Ihre Position als Verkäufer verbessern können, die aber den Rahmen dieses Buches sprengen und nur in bestimmten Transaktionen Anwendung finden. Ihre Fragen können Sie uns gern an die Emailadresse am Ende des Buches richten.

Kommen wir jetzt zu Ihren Aufgaben, die starten, sobald Sie eine Offerte vom Käufer erhalten haben und diese Offerte auch annehmen möchten. Wie bereits erwähnt, wird mit Ihrer Unterschrift als Verkäufer der Kaufvertrag rechtlich bindend und Änderungen an diesem Vertrag sind nur noch schriftlich mit Unterschrift beider Parteien möglich.

Nehmen wir an, Ihr Haus hat einen Marktwert von $200.000 und Sie haben eine Kaufofferte für Ihr Heim in Höhe von $180.000 erhalten. Das gedeutet nur, dass der Käufer Ihnen ein erstes Angebot macht. Er versucht einen für ihn günstigen Kaufpreis zu erzielen und will ausloten, wie verhandlungsbereit Sie sind. Der Käufer erwartet nicht, dass Sie diesen Preis auch akzeptieren und der Offertenpreis dient nur der Eröffnung die Preisverhandlungen.

Wenn Ihnen dieses Kaufpreisangebot zu niedrig ist, dann ist es jetzt Ihre Aufgabe, zu überlegen, wie Sie auf dieses Angebot reagieren wollen und welcher Kaufpreis für Sie eine Schmerzgrenze darstellt. Diese Schmerzgrenze ist so zu wählen, dass alle Ihre Transaktionskosten und Belastungen der Immobilie abgedeckt sind und dass Sie bei der Abschlussabrechnung wenigstens mit einer schwarzen Zahl in der Summenzeile abschließen. Wie groß diese schwarze Zahl ist, hängt davon ab, wie die lokale Immobilienmarktlage und wie gut die Bausubstanz Ihrer Immobilie im Vergleich zu anderen am Markt vorhandenen Immobilien ist.

Kommen wir jetzt zu Ihren Optionen, wie Sie auf die Ihnen vorliegende Kaufofferte reagieren können und in die Verhandlungen um den Immobilienpreis eintreten.

Die möglichen Optionen sind

1. Sie nehmen die vorliegende Kaufofferte an

2. Sie lehnen die Kaufofferte ab

3. oder Sie kontern das Käufer Angebot mit einem Gegenangebot.

Veranschaulichen wir uns die möglichen Optionen auf Basis der erhaltenen Kaufofferte mit einem Kaufpreis in Höhe von $180.000. Ihr Listingpreis, den Sie aufgrund des Marktwertes sich wünschen ist $200.000. Damit besteht eine Differenz in Höhe von $20.000 oder auch zehn Prozent, die zu verhandeln sind.

Wenn Sie mit dem Angebot einverstanden sind, weil Sie bei Ihrem Listingpreis etwas über dem Marktwert starteten oder weil der Käufer Ihnen Barzahlung angeboten hat und damit das Risiko einer Kreditgewährung an den Käufer entfällt, dann unterschreiben Sie die Offerte. Mit Ihrer Unterschrift haben Sie einen rechtlich verbindlichen Kaufvertrag geschlossen. Sowohl Sie als auch Ihr Käufer können nur noch im Rahmen der im Vertragsdokument festgelegten Bedingungen von diesem zurücktreten.

Die zweite Option ist die Ablehnung der Offerte. Sie können diese Ablehnung ohne Begründung durch Ihren Listing Broker der Käuferseite mitteilen. In diesem Fall wird die Offerte nicht unterschrieben und Sie dürfen den Anzahlungsscheck nicht annehmen. Beide Parteien, Sie als Verkäufer und der Käufer, sind frei und ungebunden und können jederzeit einen anderen Immobilienvertrag schließen.

Die dritte und letzte Option ist eine sogenannte Counteroffer – Gegenangebot. In dieser Option unterbreiten Sie dem Käufer ein eigenes Preisangebot. Ihnen sind zum Beispiel die $180.000 zu wenig und Sie wollen mehr, dann könnten Sie im Gegenangebot beispielsweise $195.000 fordern.

Sie lassen die Kaufofferte mit diesem geänderten Kaufpreis von Ihrem Listing Broker an die Käuferseite reichen. Ihr Listing Broker unterstützt Sie bei dieser unangenehmen Pflicht, schlechte Nachrichten zu überbringen, in diesem Fall den geänderten erhöhten Kaufpreis.

Wenn der Käufer die Counteroffer mit dem erhöhten Kaufpreis annimmt, dann haben Sie einen rechtskräftigen Vertrag. Sollte der Käufer nicht mit Ihrer Counteroffer einverstanden sein, dann hat er seinerseits zwei Optionen – ebenfalls ein erneutes Gebot abzugeben oder die Vertragsverhandlungen zu beenden.

Sollte der Käufer sich entschließen, ein erneutes Gebot abzugeben, dann wird dieses Gebot zwischen Ihrem Gebot von $195.000 und seinem Gebot von $180.000 liegen, wahrscheinlich wird er $190.000 bieten.

Diese Verkaufspreisverhandlungen werden solange fortgeführt, bis beide Parteien sich endgültig auf einen Preis geeinigt haben oder bis eine der Parteien die Lust verliert und die Verhandlungen abbricht.

Wir gehen zu Demonstrationszwecken davon aus, dass Sie sich mit dem Käufer auf den Kaufpreis von $190.000 einigen. Dieser geänderte und von beiden Parteien akzeptierte Kaufpreis wird auf einem Zusatzdokument zum Verkaufsvertrag schriftlich dokumentiert und geht mit der Unterschrift beider Parteien in das Gesamtvertragsdokument ein. Es ist rechtlich bindend für die beteiligten Parteien.

Nachdem alle Verhandlungen über die Vertragsbedingungen abgeschlossen sind, beginnt für alle an der Immobilientransaktion Beteiligten die Abwicklung der nächsten Schritte. Für diese Abwicklungsaktivitäten gilt üblicherweise eine vertraglich festgelegte Frist von 30 Tagen.

Innerhalb dieser Frist müssen die notwendigen Schritte der Immobilientransaktion erledigt sein, denn bei einem Immobilienvertrag gilt *time is of the essence*. Das bedeutet, sollten nicht alle notwendigen Maßnahmen bis zum vorgegebenen Closingtag – Abschlusstag - vollständig erledigt sein, dann wird es kein Closing geben und beide Parteien haben das Recht, vom Vertrag zurückzutreten. In einem solchen Fall gibt es fast immer Streit bezüglich der geleisteten Anzahlung und ein Gericht muss darüber entscheiden, wer wieviel von dieser Anzahlung erhält.

Kehren wir zurück zu unserem Beispiel:

Sie haben sich mit dem Käufer Ihres Heims im Vertrag auf den Kaufpreis von $190.000,00 geeinigt. Der Vertrag wurde am 15. Oktober geschlossen und der Abschluss der Immobilientransaktion ist für den 15. November – also 30 Tage nach Vertragsunterzeichnung – vorgesehen.

Gehen wir jetzt auf die notwendigen Aktivitäten ein. Für den Käufer bedeutet dies, den Hausinspektor zu beauftragen und die Finanzierung zu beantragen, wenn der Käufer nicht bar zahlt.

Für Sie als Verkäufer sind zunächst weitere Showings Ihrer Immobilie nicht mehr notwendig, weil Sie einen bindenden Vertrag mit dem Käufer haben. Aus diesem Vertrag kommt der Käufer auch nur unter sehr eingeschränkten Bedingungen heraus, wenn er nicht seine Anzahlung verlieren möchte.

Allerdings sind Sie als Verkäufer verpflichtet, dem Hausinspektor den Zutritt zu Ihrer Immobilie zu gewähren. Was dies im Einzelnen bedeutet, wird im Kapitel über die Hausinspektion erklärt.

Eine weitere Aufgabe als Verkäufer ist es, mit der im Kaufvertrag bestimmten Titlegesellschaft zusammen zu arbeiten und dabei mitzuwirken, dass der Title – die Urkunde zu Ihrer Immobilie – lastenfrei an den Käufer übertragen wird. Eine Titlegesellschaft führt die Prüfung und Erstellung aller Transaktionsdokumente bis zum sogenannten Closing – Abschluss - durch. Was dies bedeutet, ist in dem Kapitel über die Titlegesellschaft beschrieben.

Die Title Company sorgt für den reibungslosen Abschluss der Transaktion

Während der Käufer damit beschäftigt ist, seine Finanzierung zu beantragen und die Hausinspektion durchzuführen, ist es Ihre Aufgabe als Verkäufer, sich um die reibungslose Abwicklung der Verkaufsdokumente zu kümmern.

Neben dem Kaufpreis ist im Vertrag vereinbart worden, dass die Titelgesellschaft Title-ABC (das ist eine fiktive Titelgesellschaft für unser Beispiel) die rechtliche Prüfung der Immobiliendokumente durchführt und als Treuhänder für die Gelder der Transaktion fungiert.

Um sicher zu gehen, dass die nachstehenden Ausführungen nicht verwirren, hier ein kleiner Exkurs, was eine Titelgesellschaft ist. Eine Titelgesellschaft übernimmt einige Funktionen, die im deutschsprachigen Raum ein Notar erledigt. Der Notar beurkundet die Übertragung einer Immobilie und nimmt Einsicht ins Grundbuch und so weiter. Außerdem erklärt er, beiden beteiligten Vertragsparteien die rechtlichen Hintergründe des Vertrages.

Die Titlegesellschaft erstellt die notwendigen Dokumente, allerdings erfolgt keine rechtliche Beratung. Die rechtliche Beratung ist eine Dienstleistung, für die jede Vertragspartei einen eigenen Anwalt beauftragen muss. Dieser Anwalt erklärt rechtliche Details und berät bei offenen Vertragsfragen.

Die Urkunde, die das Eigentumsrecht an einer Immobilie und dem dazugehörigen Land darstellt, heißt in den Vereinigten Staaten/Florida *Titel* und damit erklärt sich auch der Begriff *Titelgesellschaft* (im Englischen Title geschrieben).

Abweichend von einem deutschen Notar übernehmen in Florida die Titelgesellschaften die treuhänderische Verwaltung der Transaktionsgelder, die innerhalb der Immobilientransaktion bewegt werden.

Nach unseren eigenen Erfahrungen übernehmen die Notare in Deutschland im Zusammenhang mit Immobilienbeurkundungen keine Trauhandfunktionen mehr und die Gelder der Transaktion werden direkt auf die Konten der beteiligten Parteien gezahlt.

Bei der Offertenerstellung hat der Käufer der Immobilie Ihnen bereits einen Earnest Money Scheck – in unserem Beispiel $5.000,00 – in Aussicht gestellt und diesen bei dem Office des Käufer Agenten zur Verwahrung hinterlegt.

Nachdem jetzt auch Sie als Verkäufer die Offerte unterschrieben haben und der Kaufvertrag damit rechtlich bindend ist, wird dieser Earnest Money Scheck, der sich noch im Office des Käufer Agenten befindet, an die Titelgesellschaft weitergereicht. Diese deponiert das Earnest Money (die Anzahlung) auf ihrem Treuhandkonto und übersendet nach Einlösung des Schecks Ihnen und dem Käufer eine schriftliche Empfangsbestätigung. Diese Bestätigung wird per Post oder Email zugesandt.

Wenn in dem Vertrag eine Gesamtanzahlung von 10 % des Verkaufspreises vereinbart wurde, hat der Käufer die Differenz kurzfristig bei der Titlegesellschaft auf deren Treuhandkonto zu hinterlegen. Die Bezahlung kann entweder per Überweisung oder per Scheck erledigt werden.

Kommen wir zurück zu unserem Beispiel:

Kaufpreis der Immobilie ist $190.000,00, davon 10 % = $19.000,00 abzüglich des bereits bei Offertenabgabe übergebenen Schecks von $5.000,00. Der zu zahlende Differenzbetrag der Earnest Money Anzahlung ist $14.000,00.

Weiterhin benötigt die Titelgesellschaft die Verkäufer und Käuferinformationen, Name, Adresse, Heimatland, Telefon, Email, Fax (falls vorhanden), damit die neuen Eigentumsdokumente auch korrekt vorbereitet und ausgestellt werden.

Diese Personendaten werden beim Abschluss (=closing) anhand der persönlichen Ausweisdokumente – wenn Sie ausländischer Immobilieneigentümer sind mit Hilfe des Reisepasses - überprüft.

In diesem Zusammenhang wird Ihnen sowohl Ihr Immobilienspezialist als auch die Titlegesellschaft mitteilen, dass Sie als foreign national dem sogenannte FIRPTA-Act unterliegen.

Bei FIRPTA handelt es sich um ein US-Steuergesetz. Der Verkauf einer Immobilie und der daraus resultierende Verkaufserlös ist innerhalb festgelegter Grenzen steuerfrei. Die derzeit gelten Steuergrenzen sind

- < $300.000 fällt keine Steuer an

- $300.000 < $1.000.000 wird mit 10 % besteuert

- $1.000.000 wird eine Steuer von 15 % fällig.

Für die Steuerzahlung ist jeder Einwohner der Vereinigten Staaten selbst verantwortlich. Allerdings haben in der Vergangenheit foreign nationals es häufig *vergessen* diese

Steuer zu zahlen und daher wird die Steuer generell, egal ob diese fällig ist oder nicht, beim Abschluss der Transaktion vom Verkaufserlös abgezogen und an die US-Steuerbehörde überwiesen.

Sie als Verkäufer können diesen Steuerbetrag entsprechend den obigen Limits mittels einer Steuererklärung im Folgejahr nach dem Immobilienverkauf zurückfordern. Wie dies im Detail erfolgt können Sie entweder auf der Webseite der Steuerbehörde finden oder Sie sprechen mit Ihrem Steuerberater. Wir unterstützen Sie gern mit unseren Businesskontakten, wenn Sie Ihre Anfrage an die Emailadresse am Ende dieses Buches richten.

Die nächste Aufgabe der Titelgesellschaft ist die Überprüfung aller zur Immobilie gehörenden Dokumente wie zum Beispiel Vorbesitzer, Immobilien-Steuerzahlungen, Lasten und Belastungen der Vertragsimmobilie.

Um den Unterschied zwischen dem deutschsprachigen Raum und den Vereinigten Staaten zu verstehen, hier ein kleiner Exkurs in das deutsche Grundbuch.

Das wichtigste Dokument in diesem Zusammenhang ist der Grundbuchauszug. In diesem sind alle wichtigen Immobiliendetails zusammengefasst. Das Grundbuch einer Immobilie besteht aus der Aufschrift und dem Bestandverzeichnis sowie den drei Abteilungen.

Die Aufschrift einer Grundbuchakte ist der Name der jeweiligen Immobilie. Dieser Name besteht aus der Gemeindebezeichnung sowie der Band und Blattnummer. Sie lautet in etwa wie folgt *Grundbuch der Gemeinde Irgendwo, Band 12, Blatt 3456.*

Das Bestandsverzeichnis beschreibt die genaue Adresse, Lage und Größe der Immobilie und des Grundstücks, die der vorstehenden Aufschrift mit Band und Blattnummer zugeordnet sind.

Die Abteilung 1 enthält den derzeitigen Eigentümer des Grundstücks und der Immobilie sowie alle vorherigen.

In der Abteilung 2 sind mit dem Grundstück verbundene Rechte und Pflichten beschrieben. Dazu zählen Wegrechte, Rechte für Versorgungsleitungen, Nießbrauch etc.

In Abteilung 3 sind Belastungen des Grundstücks wie zum Beispiel Grundschuldeintragungen von Banken vermerkt.

Alle diese Einzelteile bilden das Grundbuch eines bestimmten Grundstücks mit den darauf stehenden Gebäuden. Die Einsichtnahme in ein solches Grundbuch darf nur bei berechtigtem Interesse erfolgen und ist beim Grundbuchamt des zuständigen Amtsgerichts möglich. Ein berechtigtes Interesse ist zum Beispiel dann gegeben, wenn Sie diese bestimmte Immobilie erwerben wollen.

In den Vereinigten Staaten gibt es vergleichbare Dokumente, nur die Bezeichnungen sind anders und die Ablage und Ordnungsform ist unterschiedlich. Im Gegensatz zu Europa sind solche Immobilieninformationen öffentlich und jeder kann diese einsehen.

Die Titelurkunde heißt hier *Deed* und wird nach dem Vertragsabschluss(=Closing) vom Gericht ausgestellt und dem Eigentümer per Post zugestellt. Außerdem wird die Titelurkunde in den öffentlichen Dokumenten (=public records) archiviert und kann online eingesehen und jederzeit als Kopie ausgedruckt werden.

Die Aufschrift – das ist der Name des Grundstücks – ist in Florida eine 12-stellige Ordnungsnummer. Diese Ordnungsnummer wird auf allen relevanten Dokumenten und Papieren für das besagte Grundstück und die darauf stehenden Gebäude benutzt. Damit sind die jeweiligen Dokumente immer einer bestimmten Immobilie zuzuordnen. Außerdem erhält jedes Dokument eine Buch- und Blattnummer, aber diese Nummerierung erfolgt nach dem Dokumenterstellungsdatum.

Die 12-stellige Ordnungsnummer wird auch für die jährliche Steuerermittlung der Immobiliensteuer (=Property Tax) genutzt und ändert sich nicht. Aufgrund dieser 12-stelligen Ordnungsnummer kann auch ermittelt werden, in welchem Teil des Countys (Region) die Immobilie physikalisch liegt.

Kommen wir zurück zur Titelgesellschaft. Sie trägt die Informationen über die ehemaligen Eigentümer Ihres Heims zusammen und überprüft, dass alle vorherigen Eigentumsübertragungen ordnungsgemäß erfolgt und archiviert sind.

Wichtig ist in diesem Zusammenhang auch, dass zum Beispiel Grundstücksübertragungen im Erbfall korrekt erfolgten und dass bei einer Scheidung des jetzigen Eigentümers die Eigentumsrechte gemäß dem gerichtlichen Scheidungsdokument angepasst wurden usw.

Dokumentationsfehler können zu Verzögerungen bei der Erstellung der notwendigen Closingdokumente führen und den Titel verdunkeln – im Englischen heißt das *the title is cloudy or dirty*.

Solche Titel beinhalten Risiken für den neuen Eigentümer und bedürfen daher einer intensiveren Bearbeitung und Klärung. Die Übertragung eines solchen Titels ist erst nach Bereinigung der Unklarheiten möglich und es bedarf der intensiven Mithilfe des Verkäufers, diese Unklarheiten zu bereinigen.

Sollte Sie dies nicht tun, dann kann der Käufer der Immobilie Sie auf die sogenannte *special performance* gerichtlich verklagen und das könnte für Sie als Verkäufer teuer werden. In einem solchen Fall empfiehlt es sich einem Real Estate Anwalt zu konsultieren und die bestmögliche Lösungsoption zu ermitteln. Die Titlegesellschaft wird Sie soweit wie möglich unterstützen, aber manchmal stößt auch sie an ihre Geschäftsgrenzen.

Bei der weiteren Titeluntersuchung werden alle öffentlichen Dokumente bei Gericht durchsucht, aufgelistet und anschließend überprüft, in wieweit die Lasten und Belastungen des Grundstücks noch bestehen und von Ihnen als Verkäufer abzulösen sind bis zur Eigentumsübertragung, dem Closing.

Zu den Lasten und Belastungen einer Immobilie in den Vereinigten Staaten zählen zum Beispiel der Zugang zu den Strommasten und Wasser- und Abwasserleitung, die auf dem Grundstück stehen oder verlegt sind. Diese Nutzungsrechte sind vom Immobilieneigentümer zu dulden genau wie dies auch in Europa der Fall ist.

Bei der Titelüberprüfung wird auch untersucht, ob alle Rechnungen für Wasser und Strom bezahlt sind. Wenn nicht, so sind diese offenen Beträge vom Verkäufer bei Abschluss (Closing) zu begleichen. Der Käufer ist ab dem Abschlusstag – in unserem Beispiel ist dies der 15. November – verantwortlich.

Weitere Belastungen auf einer Immobilie sind zum Beispiel Lien der Bank. Ein Lien ist vergleichbar einer Grundschuld, die im Grundbuch eingetragen ist. Auch Privatdarlehen beispielsweise von einem Familienangehörigen werden als Lien eingetragen und sind im Rahmen des Abschlusses (Closing) vom Verkäufer abzulösen.

Ihre Aufgabe als Verkäufer in diesem Zusammenhang ist, alle notwendigen Dokumente und Kontoauszüge bereitzustellen, wenn Sie Ihre Immobilie mit einem Darlehen finanziert haben. Die Titlegesellschaften können sich die notwendigen aktuellen Salden vom Darlehensgeber besorgen, allerdings ist eine entsprechende Vollmacht von Ihnen erforderlich.

Die Ablösung eines solchen Darlehens ist solange kein Problem, wie Sie nicht in einer finanziellen Notlage sind, keine Zahlungsrückstände bestehen und keine Zwangsversteigerung angeordnet ist. Bei solchen finanziellen Problemen müssen mit der Bank entsprechende Ablöseverhandlungen erfolgen, an denen Sie mitwirken müssen.

Solche Ablöseverhandlungen bei finanziellen Notlagen sind zeitaufwendig, weil der Darlehensgeber Geld verlieren wird und diesen Verlustbetrag so gering wie möglich halten möchte. Es kann daher zu Verzögerung beim geplante Closing kommen und diese Verzögerungen müssen Sie als Verkäufer kommunizieren, anderenfalls könnte der Immobilienvertrag platzen.

Wenn Sie als Immobilieneigentümer oder Berufstätiger in den Vereinigten Staaten steuerpflichtig sind, dann können Steuerschulden auch zu Lien führen. Solche Lien (Belastungen) sind ebenfalls im Rahmen des Closings auszugleichen, damit das Objekt unbelastet übergeben wird.

Wenn Sie als Verkäufer Handwerkerrechnungen nicht bezahlt haben, dann werden auch diese als Lien auf Ihre Immobilie eingetragen. Gleiches gilt für Lien, die im Rahmen einer Heilbehandlung entstanden sind oder Strafen, die von Ihrem Wohnort verhängt wurden, weil Sie Ihrer Verpflichtung zum Rasenmähen nicht nachgekommen sind.

Die Titelgesellschaft überprüft alle diese Belastungen und trägt Sorge dafür, dass alle bekannten Lien bis zum Abschluss (=Closing) endgültig abgelöst und gelöscht werden.

Anschließend wird ein sogenannter *Title Abstract* erstellt. Dabei handelt es sich um ein Dokument von drei bis fünf Seiten, in dem alle Ergebnisse aus der Titeluntersuchung beschrieben sind. Dieses Dokument ist einem Grundbuchauszug vergleichbar und Sie als Verkäufer sind verpflichtet die Richtigkeit zu prüfen und bei der Lösung bestehender Probleme mitzuarbeiten.

Auf Basis dieser Titeluntersuchung ist der Titel entweder sauber (clean) oder schmutzig oder vernebelt (dirty oder cloudy).

Diese Untersuchungsergebnisse entscheiden darüber, ob eine Titelversicherung für Ihre Immobilie möglich ist. Die Titelversicherung versichert den Immobilienkäufer gegen eventuelle nicht dokumentierte, schwebende oder offene Forderungen, für die noch keine Unterlagen in den public records verfügbar sind. Wenn eine Titelversicherung aufgrund von bestehenden Belastungen nicht möglich ist, dann kann der Käufer den Titel ablehnen und vom Kaufvertrag zurücktreten.

Für Sie bedeutet die Titelversicherung, dass in der Zukunft auf Ihre Immobilie eingetragene Lien, für die Sie verantwortlich sind und nicht der neue Eigentümer, zunächst von der Titelversicherung bezahlt werden. Die Titelversicherung sorgt auch für die Löschung dieser Lien, allerdings wird die Titelversicherung sich den gezahlten Geldbetrag anschließend von Ihnen zurückholen.

Für einen sauberen oder clear Titel ist die Versicherung schnell und einfach zu erlangen. Bei einem *cloudy Title* ist meist nur eine eingeschränkte Versicherung möglich, während ein *dirty Title* nicht versichert wird.

Die Kosten für die Titeluntersuchung und die Titelversicherung wird in den meisten Fällen von Ihnen als Verkäufer übernommen und wird im Rahmen der Abschluss-Abrechnung beim Abschluss (=Closing) mitberücksichtigt.

Sobald das Titeldokument – Title Abstract – erstellt ist, wird es dem Käufer zur Begutachtung vorgelegt. Diese Vorlage muss rechtzeitig vor dem Abschluss (=closing) erfolgen, damit der Käufer entscheiden kann, ob der Titel für ihn als Käufer befriedigend ist.

Wie bereits oben erwähnt, kann der Käufer im Falle eines *cloudy* oder *dirty* Titels entscheiden, ob er das Risiko eines solchen Titels akzeptieren möchte oder ob er vom Vertrag zurücktritt. Welche Entscheidung für den Käufer die beste ist, wird dieser sicher mit seinem Fachanwalt klären. Diese Beratung des Fachanwalts sind Kosten des Käufers und nicht Bestandteil der Abschlusskosten. Diese werden daher auch nicht in der Abschlussrechnung auftauchen.

Sollte Ihr Käufer einen *cloudy* oder *dirty* Titel akzeptieren, dann können Sie nach dem Abschluss der Immobilientransaktion nicht mehr in Regress genommen werden und auch die Titelversicherung wird nur im Rahmen der in der Titelvereinbarung dokumentierten Versicherungsbedingungen Zahlungen leisten. Für Fragen und Details muss der Käufer einen Fachanwalt auf eigene Kosten konsultieren. Dieses Buch ist ein Leitfaden für den Ablauf einer Immobilientransaktion und keine Rechtsberatung.

Während die Titelgesellschaft mit den obigen Aufgaben beschäftigt ist, müssen Sie, lieber Verkäufer, sich in Geduld üben und die Hausinspektion begleiten sowie Ihrer Mitwirkungspflicht bei Titeluntersuchung nachkommen.

Die Hausinspektion des Käufers - für einen vorbereiteten Verkäufer keine Zitterpartie

Neben den rechtlichen Immobiliendetails hat der Käufer das Recht, sich ein Bild über den baulichen Zustand seiner neuen Traumimmobilie zu verschaffen. Wenn Sie, der Verkäufer, Ihre Immobilie stets gut Instand gehalten haben, dann dürfte Ihnen diese Hausinspektion keine schlaflosen Nächte bereiten.

Ihr Listing Broker wird Sie wahrscheinlich bei Übernahme des Listungs gebeten haben, eine sogenannte Sellerdisclosure – das ist eine Verkäuferselbstauskunft bezüglich der Immobilie – auszufüllen. In diesem Dokument tragen Sie als Verkäufer alles Wichtige im Zusammenhang mit Ihrer Immobilie ein. Zum Beispiel wann Sie die Klimaanlage gekauft haben oder ob Sie bauliche Veränderungen in oder an der Immobilie durchführten usw. Dieses Dokument ist nicht verpflichtend für den Verkäufer, signalisiert dem Käufer allerdings, dass Sie Ihr Heim gut pflegen.

Ein smarter Käufer wird unabhängig von der Selbstauskunft eine Hausinspektion durchführen, um sicherzugehen, dass die Bausubstanz seinen Erwartungen entspricht und das nach Abschluss der Transaktion keine zusätzlichen Kosten entstehen, die der Käufer vom Kaufpreis hätte diskontieren können. Was dies genau bedeutet, wird Ihnen bis zum Ende dieses Kapitels klarwerden.

Bei einer solchen Hausinspektion untersucht der Inspektor alle wichtigen Baubestandteile der Immobilie und dokumentiert seine Ergebnisse in einem Bericht mit den passenden Fotos. Die in diesem Bericht aufgeführten Baumängel geben dem Käufer die Möglichkeit vom Kaufvertrag ohne Begründung zurück zu treten. Er kann in diesem Fall sein Earnest Money (Anzahlung) zurückfordern oder er führen den Vertrag bis zum Abschluss weiter und verhandeln einen Kaufpreisnachlass.

Auf der anderen Seite ist diese Hausinspektion für Sie, den Verkäufer, die Chance bisher unentdeckte Baumängel herauszufinden. Wenn Sie nett bitten, stellt Ihnen der Käufer vielleicht den Bericht zur Verfügung. Basierend auf diesem Bericht können Sie versuchen, den Vertrag zu retten, indem Sie sich kooperative zeigen bei der Behebung der festgestellten Baumängel.

Die wichtigsten Punkte bei dieser Hausinspektion sind die Dachkonstruktion, die Außenwände, Fenster und Türen sowie die Elektroausstattung des Hauses und das hausinterne Wasser und Abwassersystem.

Im Rahmen der Inspektion werden auch die im Kaufvertrag enthaltenen Küchen- und Hausausstattungsgegenstände überprüft. Das bedeutet im Einzelnen, dass der Kühlschrank und der Herd auf Funktionsfähigkeit und Heiz- bzw. Kühlleistung geprüft werden.

Zur Überprüfung wird ein vorhandener Geschirrspüler gestartet und durchläuft einige Programmpunkte. Gleiches erfolgt bei einer vorhandenen Waschmaschine, wenn diese im Kaufvertrag enthalten ist.

Die Funktionstüchtigkeit und die Leistung des Mikrowellenherdes, der vorhandenen Dunstabzugshaube und des Wäschetrockners sowie des Heißwasserboilers und der Klimaanlage werden kontrolliert und bewertet.

Das Alter sämtlicher Geräte wird aufgrund von Typenbezeichnung und Seriennummer festgestellt und im Bericht dokumentiert. Dadurch werden u. a. auch Ihre Angaben in der Verkäuferselbstauskunft überprüft. Aufgrund dieser Daten erhält der Käufer einen Anhaltspunkt, wie alt diese Geräte tatsächlich sind und wann er mit einem Ersatz der Geräte rechnen muss.

Bei allen mitverkauften Haushaltsgeräten gilt, dass diese nur funktionsfähig von Ihnen übergeben werden müssen. Sie machen keine Leistungszusagen und leistet auch keinen Ersatz für Alt-Geräte.

Selbstverständlich werden bei der Hausinspektion auch die Immobilien Add-Ons wie zum Beispiel Pool, Pooldeck, die automatische Poolreinigungsanlage und die Beregnungsanlage im Garten sowie das private Bootsdock – sofern vorhanden - untersucht.

Ein weiterer Punkt auf der Prüfliste einer Hausinspektion ist die Untersuchung auf Termitenbefall. Viele Teile im

Hausinneren sind aus Holz und Termiten sind in Florida vorkommende Insekten, die Holz als Lieblingsspeise haben. Der Zweck dieser Prüfung ist die frühzeitige Feststellung eines Termitenbefalls, die der Käufer später zu bekämpfen hat. Es liegt im Interesse eines jeden Immobilieneigentümers in diesem Bereich Vorsorge zu treffen und einem Termitenbefall rechtzeitig vorzubeugen.

Bei dem Kauf einer Immobilie hat der Käufer das Recht, dass der Verkäufer den festgestellten Termitenbefall mit Insektiziden behandelt und die Kosten dafür übernimmt. Die Behebung von eventuellen Termitenschäden kann aber nicht von Ihnen verlangt werden. Dafür ist lediglich ein Preisnachlass denkbar.

In Deutschland gibt es eine ähnliche Untersuchung für Holzbock oder Schwamm in den Immobilien.

Im Rahmen der Hausinspektion wird auch überprüft, ob alle Renovierungsmaßnahmen und Anbauten bei Ihrer Immobilie ordnungsgemäß mit den erforderlichen Baugenehmigungen durchgeführt und vom Bauinspektor der Stadtverwaltung bei Fertigstellung abgenommen wurden.

Im Falle einer offenen Baugenehmigung ist dies ein Titelproblem, das von der Titelgesellschaft zu bearbeiten und zu klären ist. Welche Maßnahmen in diesem Zusammenhang zu ergreifen sind, hängt von der Baumaßnahme ab. In jedem Fall ist Ihre Mitarbeit bei der Behebung dieses Problems gefordert.

Die Kosten für die Hausinspektion trägt der Immobilienkäufer und diese Kosten dürfen nicht in der Abschlussabrechnung am Closingtag enthalten sein.

Hier ein Hinweis zu einem Hausinspektionsbericht, wenn Sie diesen in Kopie von Ihrem Käufer erhalten.

Im Inspektionsbericht beschreibt der Hausinspektor die von ihm festgestellten Mängel und empfiehlt eine passende Lösung für deren Behebung. Die Kosten, die bei der empfohlenen Lösung genannt werden, sind nur Anhaltspunkte und können von ein paar Dollars bis zu tausenden reichen. Die tatsächlichen Kosten wird der Käufer erst kennen, wenn er einen entsprechenden Reparaturauftrag erteilt. Allerdings sind diese prognostizierten Kosten für den Käufer ein legitimes Mittel den in Kaufvertrag vereinbarten Kaufpreis erneut zu verhandeln. Wenn diese Nachverhandlung nicht den von ihm gewünschten Erfolg bringt, kann der Käufer auch vom Kaufvertrag zurücktreten.

Wenn Sie in die Nachverhandlung des Kaufpreises eintreten und den geschlossenen Vertrag erhalten wollen, dann überlegen Sie welcher Weg der Beste für Sie ist. Sie können einerseits kleinere Mängel auf Ihre Kosten beheben lassen und dafür den Preis belassen wie er ist oder Sie gewähren einen Nachlass in Form eines Dollarbetrags und der Käufer behebt die Mängel selbst. Ihr Immobilienbroker kann Ihnen bei dieser Entscheidungsfindung mit seiner Expertise helfen und diese Verhandlungen zu Ihrem Vorteil führen.

Hier nur ein Beispiel:

Nehmen wir an, dass Ihre Immobilie einen kleinen Schaden am Dach hat, der zu einer Durchfeuchtung in einem der Schlafzimmer führte. Die Feuchteschäden sind im Schlafzimmer als Flecke an der Decke sichtbar. Die Ursache ist nicht bekannt und dem Hausinspektor ist es nicht erlaubt, Ursachenforschung zu betreiben und Decken und Wände aufzustemmen. Der Hausinspektor stellt lediglich die Fakten – Durchfeuchtung – fest und gibt eine ungefähre Kostenschätzung basierend auf seiner Erfahrung.

Der Hausinspektor wird in diesem Fall das Dach an der entsprechenden Stelle von außen begutachten und anschließend seine Fakten und fachliche Expertise dokumentieren.

Diese Expertise könnte sein, die Dachabdeckung ist beschädigt. Als Folge gelangte Wasser ins Hausinnere, hat die Dachisolierung beschädigt und den Deckenschaden verursacht. Seine Reparaturkostenschätzung für diesen Mangel liegt in unserem Beispiel bei $300,00 bis $1.000,00 – je nach Ursache und Umfang des tatsächlichen Schadens.

Als Verkäufer haben Sie jetzt die Möglichkeit, den Schaden beheben zu lassen und keinen Nachlass auf den Verkaufspreis zu gewähren, oder Sie gewähren dem Käufer $300 Nachlass auf den Kaufpreis. In diesem Fall werden Sie den Kaufvertrag wahrscheinlich retten können. Bei der Nachlassgewährung wird die Kaufpreissumme im Vertrag angepasst und das Closing erfolgt auf Basis des reduzierten Kaufpreises.

Sollten Sie sich allerdings entscheiden, weder den Schaden zu beheben noch einen Nachlass zu gewähren, dann werden Sie wahrscheinlich den Kaufvertrag verlieren und der Käufer erhält sein Earnest Money, die Anzahlung, zurück.

Selbstverständlich sind sowohl die Änderung des Kaufpreises als auch der Rücktritt schriftlich zu erklären. Mündliche Erklärungen sind rechtlich nicht durchsetzbar und daher wirkungslos.

Für die Durchführung einer solchen Hausinspektion ist im Immobilienkaufvertrag eine Frist von 5 bis 10 Tagen vorgesehen. Diese Frist ist Bestandteil des Vertrags und beginnt, wenn der Vertrag rechtlich bindend von beiden Vertragsparteien – Käufer und Verkäufer – unterschrieben ist.

In unserem Beispiel ist das Startdatum der 15. Oktober und das Ende ist maximal 10 Tage später. Bis zu diesem Termin muss der Käufer Ihnen mitteilen, dass er mit dem Bauzustand der Immobilie zufrieden ist und den Vertrag weiterführt.

Sollte der Käufer keine Hausinspektion innerhalb der vorgesehenen Frist durchführen oder er verzichten ganz auf die Inspektion, dann akzeptiert der Käufer die Immobilie im besichtigten Zustand. Sie als Verkäufer sind in diesem Fall auf der sicheren Seite und der Käufer hat kein Recht, vom Kaufvertrag aufgrund von Baumängeln zurück zu treten.

Im Falle, dass der Käufer dennoch versucht vom Kaufvertrag zurück zu treten, dann handelt es sich hier um Vertragsbruch und der Käufer verliert sein Earnest Money (Anzahlung). Wann ein solcher Vertragsbruch vorliegt, ist mit einem Fachanwalt zu klären. Ihr Listing Broker kann und darf Ihnen hier keinen Rat erteilen, weil das eine Rechtsberatung darstellt.

Jetzt zum Geld – Bar oder Finanzierung aus Sicht des Verkäufers

Wenn Sie glauben, als Verkäufer ist dieses Kapitel für Sie nicht wichtig, dann unterliegen Sie einem Irrtum. Es geht in diesem Kapitel nicht um die Vergabe Ihres Darlehens, sondern um dessen Rückzahlung.

Außerdem ist dieses Kapitel wichtig, wenn Ihr Käufer ein Darlehen benötigt und welche Art von Darlehen er beantragen möchte, um die Bezahlung der Immobilie sicher zu stellen. Diese Information geht aus Ihrem Kaufvertrag hervor und Sie sollten sich mit diesem Punkt genauso beschäftigen wie Ihr Käufer. Bei einer Finanzierung kann es zu Verzögerungen beim Closing kommen oder bei fehlender finanzieller Stabilität des Käufers ist auch die Stornierung des Kaufvertrages möglich.

Beginnen wir zunächst mit Ihrer Seite. Wir nehmen an, dass Sie Ihre Immobilie, die Sie zum Kauf anbieten, finanziert haben. In diesem Fall wird Ihr Darlehensvertrag höchst wahrscheinlich eine Rückzahlungsklausel für den Fall des Immobilienverkaufs enthalten. Die Darlehensrückzahlung ist bei einem Verkauf meist ohne Zahlung einer Vorfälligkeitsentschädigung möglich, selbst innerhalb der Zinsbindungsfrist. Es dürfen daher in der Transaktionsabschlussrechnung solche zusätzlichen Kosten nicht auftauchen.

In Deutschland sind Sie fast immer verpflichtet eine Vorfälligkeitsentschädigung an den Darlehensgeber zu zahlen und zwar bis zum Ende der Zinsbindung. Das kann manchmal richtig teuer werden.

Bis zum großen Immobilien Crash im Jahr 2008 brauchten Sie beim Verkauf der Immobilie noch nicht einmal die bestehende Darlehenssumme zurückzahlen, weil es gemäß den damaligen Vertragsbedingungen möglich war, das Darlehen an den neuen Eigentümer zu übertragen. Der neue Immobilieneigentümer hat dann die Raten wie bisher der ehemalige Eigentümer an das Finanzierungsinstitut gezahlt. Der Darlehensgeber wusste häufig von dieser Darlehnsübertragung nichts. Eine Zustimmung des Darlehensgebers war nicht erforderlich.

Dieses Vorgehen war seinerzeit legal und sehr verbreitet. Es wurde gern genutzt, weil es einfach durch zu führen und kostengünstig war. Es fielen nur geringe Umschreibungs- und Verwaltungsgebühren an. Außerdem musste der neue Darlehensnehmer nicht durch den Kreditgewährungsprozess des Darlehensgebers gehen.

Problematisch wurde es allerdings als es zum Crash kam und viele Darlehensnehmer insolvent wurden. Es kam zu Zwangsversteigerungen im großen Maßstab und zeitweise waren 60 % der am Markt angebotenen Immobilien wie wir Immobilienspezialisten sagen *under water* – im Zwangsversteigerungsprozess.

Die obige Vorgehensweise der Darlehensübertragung führte dazu, dass es häufig schwierig war, die bestehenden Darlehen mit den ursprünglichen Darlehensnehmern zusammen zu bringen, um anschließend die Zwangsversteigerung der beliehenen Immobilie legal und korrekt abzuwickeln.

Eine weitere Schwierigkeit war der Verkauf der Darlehensforderungen aus Refinanzierungszwecken an Privatinvestoren, während die Betreuung der Darlehnskonten an Serviceunternehmen ausgelagert wurde.

Seit dem Immobiliencrash sind solche Praktiken unzulässig und die geltenden aufsichtsrechtlichen Regularien verlangen heute, dass bei dem Verkauf einer finanzierten Immobilie das bestehende Darlehen vollständig abzulösen ist. Die Übernahme von Darlehensverträge ist nur noch in seltenen Ausnahmefällen und ausschließlich mit Zustimmung des Darlehensgebers möglich.

Für Sie als Verkäufer bedeutet dies, dass Sie Ihre Darlehensunterlagen mit Ihrem Darlehensgeber und in Zusammenarbeit mit der Titlegesellschaft durchgehen und die notwendigen Dokumente für die Darlehenstilgung vorbereiten lassen.

Bei diesem Vorgang übernimmt die Titlegesellschaft die Aufgabe, die Geldmittel, die der Käufer auf das Treuhandkonto zahlt, beim Closing an den Darlehensgeber zu überweisen. Im Gegenzug werden die vom Darlehensgeber erhaltene Löschungsbewilligung für die Belastung der Immobilie an das Gericht zur Erledigung weitergeleitet. Die in diesem Zusammenhang anfallenden Kosten sind von Ihnen, dem Verkäufer, zu tragen.

Kommen wir jetzt zu den Bezahlmöglichkeiten des Käufers. Selbstverständlich ist es möglich, dass Ihr Käufer bar zahlt. Allerdings heißt bar nicht wirklich bar in die Hand. Es bedeutet lediglich, dass Ihr Käufer keinen Kredit benötigt und nicht den Finanzierungsprozess durchlaufen muss. Diese Bezahlmethode ist daher für Sie als Verkäufer immer zu begrüßen. Trotzdem sollten Sie sich zu Ihrem eigenen Schutz die Barmittel nachweisen lassen in Form von Kontoauszügen und Bankbestätigungsbriefen.

Der Käufer kann nicht mit einem Koffer voller Geld zum Closing kommen, sondern er hat das Geld auf das Treuhandkonto der Titlegesellschaft zu überweisen und zwar einige Tage vor dem Closing.

Sollte Ihr Käufer mit einem bankzertifizierten Scheck bezahlen wollen, so muss der Geldwert des Schecks mindestens zwei bis drei Tage vor dem Abschlusstag auf dem Treuhandkonto der Titlegesellschaft eingehen. Daher ein kleiner Tipp für Sie, kontaktieren Sie die Titlegesellschaft rechtzeitig vor dem Closing und versichern Sie sich, dass das Geld eingeht. Sie vermeiden damit schlaflose Nächte und Frustrationen.

Bei Barzahlung muss der Käufer alle Geldmittel, die $10.000 übersteigen, belegen können. Das bedeutet, er muss Beweise vorlegen, woher das Geld stammt. Dieses Vorgehen soll der Verwendung von Schwarzgeld und Drogengeldern vorbeugen und die Titlegesellschaften kontrollieren die Herkunft des Geldes.

Ein solches Geldwäschegesetz gilt auch in Europa und vielen anderen Teilen der Welt, wenn auch mit unterschiedlichen Bargeldlimits und unterschiedlichen Prüfroutinen.

Nachdem wir Ihre Darlehensablösung und die Barzahlungsoption für die Bezahlung in dieser Kauftransaktion beleuchtet haben, lassen Sie uns jetzt einen Blick auf die Finanzierungsoptionen Ihres Käufers werfen.

Woher das Geld für die Bezahlung kommt, braucht Sie eigentlich nicht zu interessieren. Allerdings gibt es einige Finanzierungsoptionen für den Käufer, bei denen Sie sehr wohl betroffen sind und gegebenenfalls auch zur Kasse gebeten werden.

Es beginnt mit der Beantragung eines Darlehens für die Finanzierung der Immobilientransaktion. Im Kaufvertrag werden Fristen für den Gang zum Geldgeber genannt, die vom Käufer einzuhalten sind. Vernachlässigt dieser seine Käuferpflichten und kommt es dadurch zu Verzögerungen in der Transaktionsabwicklung, dann könnte dies sogar zur Stornierung des Kaufvertrags führen.

Neben der üblichen Immobilienfinanzierung mit verschiedenen Zinsbindungen bei einem Bankinstitut oder einem Privatfinanzierer gibt es auch Darlehen, die von Regierungsstellen bereitgestellt oder unterstützt werden. Bei diesen Darlehen handelt es sich um die sogenannten FHA und VA Loan.

Bei einem FHA Darlehen kann die Kaufimmobilie bis 96,5 % finanziert werden, wenn der Kreditscore des Käufers wenigstens 580 Punkte beträgt. Bei einem solchen Darlehen werden allerdings von Ihnen als Verkäufer einige monetäre Zugeständnisse verlangt.

So müssen zum Beispiel die mitgekauften Inventargegenstände im Haus den vorgegebenen Kriterien des Darlehensgebers entsprechen. Die Bausubstanz des Hauses muss so gut sein, dass keine Reparaturen seitens des Käufers erforderlich sind. Ist dies nicht der Fall, kann es sein, dass Sie als Verkäufer zur Kasse gebeten werden. Sie müssen in diesem Fall den Mangel beheben oder einen Kaufpreisnachlass geben, damit der Mangel auf Ihre Kosten behoben wird. Oder es werden Kostenübernahmen im Zusammenhang mit den Abschlusskosten erwartet.

Ein VA Darlehen wird nur an Veteranen, aktive und ehemalige Militärangehörigen, gewährt und diese müssen wenigstens einen Kreditscore von 620 Punkten haben, um sich für ein solches Darlehen zu qualifizieren. Finanziert werden Immobilien bis zu 100 % des Kaufpreises, aber auch hier muss das Haus in bezugsfertigen Zustand sein. Ist dies nicht der Fall, dann wird eine solche Veteranenfinanzierung nicht funktionieren für den Käufer.

Die Höchstgrenze für die Kostenübernahme durch den Verkäufer bei einem FHA oder VA Darlehen ist 6 % des Kaufpreises. Wenn Sie ein solches Darlehen als Finanzoption akzeptieren, sollten Sie dies im Auge behalten.

Welche Bedingungen bei welchem Darlehenstyp gelten und einzuhalten sind, kann sich ständig ändern. Es ist zu empfehlen, dass Ihr Listing Broker vor Annahme der Kaufofferte diese Kriterien zusammenträgt und mit Ihnen diskutiert. Nach der Unterschrift haben Sie keinen Einfluss mehr und müssen den Kaufvertrag erfüllen.

Die Darlehenstypen – FHA und VA – dürfen nur für Immobilien in Anspruch genommen werden, die der Immobilienkäufer auch selbst bewohnt. Wenn Ihnen bekannt wird, dass der Käufer, der Ihre Immobilie kauft, diese als Investmentobjekt nutzen will, dann sollten Sie diese Information unbedingt an die Titlegesellschaft weitergeben. Anderenfalls können Sie später wegen Darlehensbetrugs zur Rechenschaft gezogen werden, wenn Ihnen nachgewiesen wird, dass Sie Kenntnis von der Absicht des Käufers hatten.

Nachdem wir die Finanzierungsoptionen untersucht haben, die Einfluss auf einen rechtlich bindenden Vertrag nehmen können, sehen wir uns noch einem weiteren Einflussfaktor in diesem Bereich an: das sogenannte Appraisal - in Deutschland verstehen die Finanzinstitute darunter die Wertermittlung einer Immobilie im Rahmen eines Darlehensgeschäfts.

Wie bereits in einem der vorderen Kapitel erläutert, erstellt der Listing Broker bei Abschluss des Listingvertrags für Sie, den Verkäufer, eine Marktwertermittlung, um damit den bestmöglichen Verkaufspreis festzustellen. Wie diese Wertermittlung erstellt wird, wurde bereits erläutert.

Diese Marktwertermittlung ist aber nicht mit dem Appraisal zu verwechseln. Das Appraisal bewertet die Immobilie aus einem anderen Blickwinkel und wird von allen Finanzierungsinstituten verlangt, um festzulegen, wie hoch die Kaufimmobilie mit einem Darlehen belastet werden kann.

In einem solchen Appraisal wird unter anderem die Bausubstanz der zu finanzierenden Immobilie als ein

Bestandteil herangezogen. Der Hausinspektionsbericht, den der Käufer hat erstellen lassen, kann mit in dieses Appraisal einbezogen werden. In diesem Bericht wird der aktuelle Immobilienzustand mit Bildern dokumentiert. Die einzelnen Baubestandteile sowie bestehende Mängel und eventueller Reparaturaufwand werden dargestellt und bewertet.

Im Appraisalwertgutachten werden diese aktuellen Details Ihrer Immobilie zusammen mit Informationen zur Bauweise, Alter der Immobilie, Renovierungs-, Erweiterungs- und Umbaumaßnahmen zusammengeführt. Es werden Aufschläge für Add-Ons wie zum Beispiel Pool sowie Abschläge für die Abnutzung älterer Gebäudeteile berücksichtigt und die aktuellen Neuerstellungskosten ermittelt.

Der so errechnete Immobilienwert Ihrer Immobilie wird mit jeweils sechs gleichwertigen Immobilien, die im Umkreis von ungefähr einer Meile (entspricht 1,6 km) liegen, verglichen.

Drei dieser Vergleichs-Immobilien sind sogenannte Listing. Das heißt, diese Immobilien werden derzeit aktiv auf dem Markt angeboten und sie sind noch nicht unter Vertrag. Bei den übrigen drei Immobilien handelt es sich um abgeschlossene Verkaufstransaktionen. Der Abschluss dieser Verkaufstransaktionen liegt innerhalb der letzten drei bis sechs Monate vom Erstellungsdatum der Wertermittlung gerechnet.

Diese sechs Immobilien repräsentieren den aktuellen Marktpreis bzw. Marktwert von Immobilien im direkten Umfeld Ihres Heims. Der vereinbarte Kaufpreis Ihrer Immobilie sollte zwischen 90 bis 110 % der Vergleichsimmobilien liegen. Ist das nicht der Fall, dann könnte es passieren, dass Ihr Käufer nicht das notwendigen Darlehen von seinem Darlehensgeber für den Kauf bekommt.

Sie denken jetzt vielleicht, das ist nicht mein Problem und damit haben Sie bedingt Recht. Wenn Sie einen Backup-Vertrag (wie bereits beschrieben) haben oder das Inventar auf dem Immobilienmarkt sehr eng ist und die Interessenten vor Ihrer Tür Schlange stehen, dann können Sie ganz entspannt sein.

Sollte dies nicht der Fall sein, dann gibt es nur zwei Möglichkeiten, Ihren rechtlich bindenden Vertrag mit dem Käufer zu retten.

Die erste Option ist, dass der Käufer die Differenz, die er nicht als Darlehen bekommt aus seiner eigenen Tasche bezahlt. In diesem Fall läuft die Immobilientransaktion ohne Störung weiter bis zum Closing.

Bei der zweiten Option – der Käufer hat kein Geld für die Differenz zwischen dem Appraisalwert und dem Kaufvertragspreis – wird der Käufer um die Anpassung des Kaufpreises bitten. Sie als Verkäufer müssen jetzt überlegen, ob Sie dieser Kaufpreisminderung zustimmen wollen oder nicht.

Wenn Sie den Kaufpreis mindern wollen, dann wird der Kaufpreis im bestehenden Vertrags angepasst und beide Parteien – Verkäufer und Käufer – stimmen dieser Anpassung schriftlich zu. Die Transaktion läuft mit diesem verminderten Kaufpreis weiter bis zum Closingtag.

Sollte die Kaufpreisminderung nicht in Ihrem Sinne sein, dann bleibt beiden Parteien nur die Stornierung des bestehenden Vertrags. Diese Stornierung ist von beiden –

Käufer und Verkäufer – schriftlich zu erklären und die Anzahlung für den Kauf der Immobilie ist entsprechend zurückzugeben.

Manchmal kommt es in einer solchen Situation zu Streitigkeiten, ob jede Partei den notwendigen Verpflichtungen nachgekommen ist und wer den Bruch des Vertrags verschuldet hat. Jede Seite versucht die Anzahlung für sich zu beanspruchen. In einem solchen Fall ist dringend die Beratung eines Fachanwalts einzuholen, um eine teure gerichtliche Auseinandersetzung abzuwenden.

Weder der Titlegesellschaft noch den Real Estate Professionals ist es erlaubt in einem solchen Fall zu vermitteln, denn das wäre illegale Praktizierung des Rechts und die ist sicher auch in Ihrem Heimatland verboten.

Nachdem wir nun die Fußangeln im Zusammenhang mit der Finanzierung und Titeldetails geklärt haben, kommen wir jetzt zurück zu unserem Beispiel:

Der durchschnittliche Immobilienmarktwert in Ihrer Nachbarschaft liegt bei rund $200.000,00.

Alle vergleichbaren Immobilien der Wertermittlung liegen entweder etwas über oder unter dem Durchschnitt, haben eine ähnliche Haus- und Grundstücksgröße und eine vergleichbare Ausstattung. Damit ergibt sich eine Preisrange für die Nachbarschaft Ihrer Immobilie von $180.000,00 bis $220.000,00. Innerhalb dieser Range sollte der von Ihnen im Kaufvertrag vereinbarte Kaufpreis liegen.

Das Earnest Money – in unserem Beispiel ist dies $19.000,00 bei einem Kaufpreis für Ihre Immobilie von $190.000,00 – ist bereits bei der Titlegesellschaft auf das Treuhandkonto eingezahlt. Mit diesem Betrag haben Sie als Verkäufer bereits einen Teil der Gesamtkaufsumme in Aussicht.

In unserem Beispiel gehen wir bei einem Kaufpreis von $190.000,00 von einer Finanzierungsquote von 70% des Kaufpreises aus. Das wäre als Kreditbetrag $133.000,00.

In unserem Beispiel passt es bestens. Der von Ihnen verlangte Kaufpreis von $190.000,00 liegt bei 95 % der Vergleichsimmobilienwerte. Sie haben also Ihre Immobilie zu einem etwas günstigeren Preis verkauft, aber Ihre Käufer hat eine solide Basis für eine Finanzierung. Das Risiko, dass der Kaufvertrag noch platzt, ist relativ gering und Sie als Verkäufer können beginnen Ihre Möbel und Ihren Hausrat zu verpacken.

Wenn Sie noch eine offene Darlehensschuld aus dem Kauf Ihrer Immobilie haben, dann werden Sie und die Titlegesellschaft zwischenzeitlich sicher die notwendigen Unterlagen bei Ihrem Darlehensgeber abgefordert haben.

Diese Darlehensdokumente werden eine Abrechnung des Darlehensbetrages inklusive der Zinsenzahlung bis zum Abschlusstag beinhalten sowie die notwendigen Freigabe- und Löschungsdokument für die Belastung Ihrer Immobilie. Diese Darlehensdokumente, die nach dem Transaktionsabschluss bei Gericht eingereicht werden, sind Bestandteil der Closingdokumente. Die Kosten für die Darlehensablösung und den Eintrag bei Gericht gehören zu den Closingkosten und stehen im Closing Statement in Ihrer Verkäuferspalte.

Gratulation!

Sie haben jetzt alle notwendigen Aktivitäten für den erfolgreichen Abschluss Ihrer Verkaufstransaktion erledigt und brauchen sich nur noch um Ihren Auszug aus der Immobilie zu kümmern.

Vor dem Auszug werden Sie nur noch einmal einen Besuch vom Käufer in Ihrem Haus haben und zwar am Tag des Closing. Details zu diesem Besuch finden Sie im Kapitel *Vor dem Abschluss*.

Sonderfälle, die Ihre Immobilientransaktion beeinflussen

Die vorstehende Darstellung beinhaltet eine Immobilientransaktion ohne die Betrachtung von Sonderfällen. Einige Sonderfälle sollten Sie allerdings kennen, weil diese die zeitliche Abwicklung einer Transaktion beeinflussen werden.

Hauseigentümer- oder Kondominium Gemeinschaften

Wenn Ihre Immobilie in einer Community – das ist eine Eigentümergemeinschaft für Einfamilienhäuser oder Eigentumswohnungen – liegt, ist die Zustimmung der Eigentümergemeinschaft für die Immobilientransaktion einzuholen.

Der Grund für diese Zustimmung liegt darin, dass die Immobilieneigentümer die Außenanlagen der Eigentümergemeinschaft gemeinschaftlich besitzen und für deren Instandhaltung gemeinschaftlich aufkommen müssen.

Die Instandhaltung wird mit monatlichen Hausgeldzahlungen der Eigentümer finanziert. Um diese monatlichen Zahlungen sicher zu stellen, hat jeder Eigentümer seine finanzielle Leistungsfähigkeit nachzuweisen und verpflichtet sich zu den vereinbarten monatlichen Zahlungen. Wenn Sie jetzt Ihre Immobilie verkaufen, verliert die Eigentümergemeinschaft einen zahlungskräftigen Immobilienbesitzer und dieser sollte durch einen neuen ebenfalls zahlungskräftigen ersetzt werden. Es ist daher eine gute Idee, wenn Sie dem Käufer ein wenig Hilfestellung erteilen, um ihn für die Eigentümergemeinschaft zu qualifizieren. Es liegt in Ihrem eigenen Interesse, dass Ihr Käufer beim Interview mit dem Eigentümerboard brilliert und von der Gemeinschaft akzeptiert wird.

Wie Ihnen Ihr Listing Agent sicher mitgeteilt hat, sind Sie als Verkäufer verpflichtet, dem Käufer die Unterlagen der Eigentümergemeinschaft zur Verfügung zu stellen. Spätestens nach der Unterschrift der Kaufofferte sind die Dokumente zur Einsicht an den Käufer zu übergeben.

Diese Dokumente beinhalten die Gemeinschaftsordnung, die Hausordnung (=Rules und Regulation), die letzte Jahresabrechnung der Finanzen (=Financial Statements), den aktuellen Wirtschaftsplan sowie einen Fragen- und Antworten-Katalog.

Der Käufer hat nach vollständiger Übergabe der Dokumente drei(!) Tage Zeit und nicht mehr, diese Dokumente zu sichten und sich zu entscheiden, ob diese Community mit seinem Lebensstil und Lebensauffassung vereinbar ist.

Nach Ablauf dieser drei Tage muss der Käufer Ihnen mitteilen, ob er die Kauftransaktion weiter führen möchte oder nicht.

Wenn der Käufer die vorliegenden Dokumente akzeptiert – und das sollte sich Ihr Listing Agent schriftlich bestätigen lassen und Ihnen zuleiten – dann wird die

Immobilientransaktion ohne Unterbrechung fortgeführt. Der Käufer muss in diesem Fall die Genehmigungsanfrage – die sogenannte Application - an die Immobilieneigentümergemeinschaft stellen und die Applikationsgebühr bezahlen.

Wenn der Käufer die vorstehende 3 Tage Frist versäumt, gelten die Dokumente als akzeptiert. Eine kostenfreie Stornierung des Kaufvertrages kann bei Nichtakzeptanz der Dokumente nur innerhalb der drei Tage erfolgen. Danach wird es bei Vertragsbeendigung aufgrund dieser Dokumente meist zum Streit über die Anzahlung (Earnest Money) kommen. Der Käufer will seine Anzahlung zurück und der Verkäufer will die Anzahlung behalten aufgrund Vertragsbruchs. Bei Immobilienkaufverträgen gilt aber *time is of the essence* und das bedeutet, Nichteinhaltung von Fristen kann für den Käufer teuer werden und den Verkäufer Geld bedeuten.

Bei einer sogenannten Applikation, deren Kosten vom Käufer zu bezahlen sind, wird ein Background-Check des Käufers durchgeführt. Dieser Backgroundcheck wird voraussichtlich ein negatives Ergebnis bringen, weil der Käufer hoffentlich noch nicht straffällig geworden ist und auch keine Insolvenz angemeldet hat.

Sollte in irgendeiner Datenbank, die für den Background-Check kontrolliert wird, der Name des Käufers auftauchen, so wird das Ergebnis dieser Überprüfung positiv sein.

Die gefundenen Informationen werden nur der Eigentümergemeinschaft mitgeteilt und nicht Ihnen als Verkäufer. Sie erhalten von der Eigentümergemeinschaft nur den wenig aufschlussreichen Ablehnungsbrief.

Um in einem solchen Fall Ihre Verkaufstransaktion zu retten ist es anzuraten, mit dem Käufer das offene Gespräch zu suchen und heraus zu bekommen, wo das Problem liegt. Die Eigentümergemeinschaft muss dem Käufer sehr wohl mitteilen, warum seine Applikation abgelehnt wurde.

Vielleicht handelt es sich nur um eine Namensgleichheit oder es hat sich einfach ein Fehler eingeschlichen in den Datenbanken. Der Käufer sollte diese fehlerhaften Daten schnellsten bereinigen lassen, weil falsche Daten immer ein Problem darstellen und korrigiert werden müssen.

Sollte es sich herausstellen, dass die Gründe für die Ablehnung nicht konform mit den Fair Housing Gesetzen ist, dann sollte sich der Käufer unbedingt bei den zuständigen Regierungsstellen beschweren. Grundlose Diskriminierung von geschützten Personengruppen ist ein Straftatbestand und wird auch entsprechend verfolgt. Eine solche Beschwerde kann daher Ihre Immobilientransaktion retten, wenn der Käufer noch immer an der Immobilie interessiert ist trotz der Ablehnung durch die Eigentümergemeinschaft.

Wie und wo eine solche Beschwerde einzureichen ist, können Sie oder Ihre Käufer gern bei uns erfragen. Eine E-Mail an die Adresse am Ende des Buches ist ausreichend.

Wir gehen hier von einem negativen Ergebnis des Background-Checks aus und Ihr Käufer wird als neuer Miteigentümer zu einem persönlichen Interview gebeten. Bei diesem Interview handelt es sich um ein informelles Kennenlernen. Die Teilnehmer sind die aktuellen Eigentümervertreter – das sogenannte Board - und Ihr Käufer als zukünftiger Eigentümer.

Nach dem Abschluss dieses Interviews erhält Ihr Käufer ein sogenanntes Zertifikat ausgestellt. Dieses Zertifikat ist das Approval der Eigentümergemeinschaft und damit ist Ihr Käufer als neueres Mitglied der Eigentümergemeinschaft akzeptiert. Das Dokument ist Bestandteil der Closingdokumente und muss am Abschlusstag (=Closing) bei der Titlegesellschaft vorliegen.

Short Sale Verkäufe

Der Inhalt dieses Buches ist gedacht als Leitfaden für einen Immobilienverkäufer in Florida oder in den Vereinigten Staaten und es wird davon ausgegangen, dass sich der Verkäufer nicht in einer finanziellen Schieflage befindet.

Als Abrundung des Themas werden wir trotzdem kurz den Begriff *Short Sale* erklären, was dies für einen Verkäufer bedeutet und welche Auswirkungen eine solche Situation auf den Ablauf der Immobilientransaktion hat. Diese Auswirkungen sind für beide Vertragsparteien unterschiedlich und unangenehm.

Bei einem solchen Sonderfall steckt der Immobilienverkäufer oder auch Eigentümer in einer finanziellen Zwangslage. Er ist noch Eigentümer der Immobilie und muss seiner Verpflichtung, Zahlung der Darlehensraten, nachkommen. Wenn der Eigentümer seinen Job verliert oder krankheitsbedingt nicht arbeiten kann, wird er häufig die Darlehnsraten nicht mehr zahlen können und in Rückstand geraten.

Gemäß den Bedingungen des Darlehensvertrags ist der Darlehensgeber berechtigt nach zwei rückständigen Raten das Darlehen zu kündigen und den gesamten

Darlehensbetrag fällig zu stellen. Diese Prozedur heißt Lis Pendens und damit wird der Zwangsversteigerungsprozess eingeleitet.

Nachdem die Bank das Darlehen gekündigt und die rechtlichen Maßnahmen eingeleitete hat, erlaubt sie gleichzeitig dem Verkäufer einen Käufer für seine Immobilie zu finden. Dieses Verfahren heißt Short Sale und hat Vorteile für den Darlehensgeber und den Darlehensnehmer.

Der Darlehensnehmer kann durch seine Kooperation in diesem Verfahren erreichen, dass der Darlehnsgeber ihm eine eventuell später verbleibende Restschuld erlässt und im Kreditscore des Darlehensnehmers erscheint dieses Verfahren nicht als Zwangsversteigerung. Eine Zwangsversteigerung beeinträchtigt den Kreditscore eines Verkäufers für mindestens 7 Jahre, während bei einem Short Sale bereits nach 24 Monaten eine erneute Immobilienfinanzierung möglich ist.

Allerdings ist bei einem Short Sale zwingend ein Real Estate Professional mit der Vermarktung der Immobilie zu betrauen, weil ein Real Estate Professional aufgrund seiner technischen Möglichkeiten einen besseren Marketingerfolg erzielen wird als der Verkäufer. Bei der Vermarktung mittels eines Immobilienfachmannes erscheint die Immobilie auf mehr als 1000 nationalen und internationalen Immobilienportalen und erreicht Milliarden von potentiellen Käufern. Die Verkaufschance steigt dadurch enorm.

Außerdem will der Darlehensgeber verhindern, dass durch unlautere Machenschaften die Immobilie im Short Sale Verfahren an Familienmitglieder und Strohmänner zu einem Schleuderpreis verkauft wird. Es liegt im Interesse des Darlehensgebers, den höchstmöglichen Verkaufspreis zu erzielen und damit seinen möglichen Verlust zu minimieren.

Sobald die Immobilie auf dem Markt angeboten wird und ein Käufer gefunden ist, schließen der Verkäufer und der Käufer einen bindenden Kaufvertrag. Dieser Kaufvertrag wird dem Darlehensgeber zur Genehmigung vorgelegt.

Kein Darlehensgeber verliert gern Geld und es sind daher intensive Verhandlungen auf der Verkäuferseite mit dem Kreditgeber erforderlich. Bei diesen Verhandlungen geht es nicht nur um den Verkauf der Immobilie, sondern auch um den Betrag, der dem Verkäufer/Darlehensnehmer vergeben wird. Wenn diese Verhandlungen für den Verkäufer erfolgreich sind, dann wird er nicht nur seine Immobilie gut verkaufen, sondern ihm wird auch die verbleibende offene Darlehensschuld vergeben. Er ist dann nach dem Closing schuldenfrei.

Diese Verhandlungen sind meist zäh und können zu einer Verzögerung beim planmäßigen Abschluss (=Closing) führen. In diesem Fall wird von dem Immobilienkäufer ein wenig Geduld erwartet. Der Zeitrahmen, den der Käufer hier berücksichtigen sollte, liegt zwischen 90 bis 180 Tagen.

Für seine Geduld erhält der Käufer allerdings eine gut unterhaltene Immobilie, denn der Verkäufer ist noch verantwortlich für die Immobilie. Außerdem erfolgt die Übertragung der Immobilie mit einem lastenfreien und sogenannten *clean title*.

Short Sales waren während der Immobilienblase und in den Jahren danach ein großes Problem, aber heute sind sie kein Thema mehr.

Bank-Owned und Deed in Lieu

Der dritte Sonderfall sind Bank-owned Immobilien. Diese sind im Bankeigentum und werden als Real Estate Owned (REO) oder Bank owned auf dem Markt zum Verkauf angeboten. Bei diesen Immobilien hat die Bank den Foreclosure-Prozess (=Zwangsversteigerung in Europa) bereits abgeschlossen.

Diese Immobilien werden häufig etwas unter dem aktuellen Marktpreis zum Kauf angeboten, allerdings ist der Zustand dieser Immobilien nicht sehr attraktiv. Der vormalige Eigentümer hat die Immobilie bereits vor einiger Zeit verlassen und vermietet werden diese Immobilien sehr selten. Die Bank als Eigentümer betreibt nur sehr eingeschränkten Erhaltungsaufwand und sorgt nur dafür, dass alle Codevorgaben der Stadtverwaltung eingehalten werden, um Strafen zu vermeiden. Die Titel solcher Immobilien sind nicht immer belastungsfrei.

Bei einem Deed-in-Lieu ist dies etwas anders. In diesem Fall zieht der Eigentümer freiwillig und ohne das gerichtliche Foreclosure abzuwarten aus. Mit dem Auszug schließen die Bank und der Eigentümer einen Vertrag, in dem die Bank die Schlüssel zum Haus und alle Rechte an der Immobilie übertragen erhält. Im Gegenzug wird das bestehende und im Zwangsversteigerungsprozess befindliche Darlehen getilgt und der Darlehensnehmer wird aus seinen Verpflichtungen entlassen. Es ist trotzdem ratsam bei diesem Verfahren, den Bankvertrag von einem eigenen Fachanwalt überprüfen zu lassen.

Der Title in einem solchen Deed-in-Lieu Verfahren ist häufig besser als bei einem vollständig abgeschlossenen Zwangsversteigerungsverfahren.

Der Eigentümer ist mit Abschluss des Übertragungsvertrags an die Bank schuldenfrei und dieses Verfahren belastet seinen Kreditscore weniger als eine abgeschlossene Zwangsversteigerung. Bei diesem Verfahren handelt es sich nicht um einen regulären Verkauf. Es ist nur als Option für einen Eigentümer und zur Vervollständigung des Buchthemas aufgeführt.

Vor dem Abschluss – Aktivitäten des Verkäufers

In unserem Beispiel sind wir von einer normalen Immobilientransaktion ausgegangen, die innerhalb von 30 Tagen zum Abschluss (=Closing) kommt und diese 30 Tage sind jetzt fast vorüber. Als Verkäufer haben Sie sich, falls erforderlich, um die Ablösung Ihres Darlehens gekümmert. Außerdem unterstützten Sie die Titlegesellschaft bei den erforderlichen Titleuntersuchung und Bereinigung von eventuell aufgetretenen Titleproblemen. Die Ziellinie – das Closing - ist zum Greifen nahe vor Ihnen.

Wahrscheinlich haben Sie auch mit Ihrem Steuerberater ein klärendes Gespräch geführt, um mit diesem die Problematik FIRPTA zu erörtern. Wie das Prozedere bei der Steuerzahlung ist und wie Sie am sinnvollsten vorgehen.

Häufig wird Ihnen vorgeschlagen, Sie sollten ein sogenanntes Zertifikat bei der Steuerbehörde anfordern, um die Steuerzahlung bereits im Vorfeld zu vermeiden. Hier ein kleiner Hinweis aus langjähriger Praxis: das Zertifikat werden Sie in 99,9 % der Fälle nicht bekommen, weil Sie meist nicht die erforderliche Dokumentation zusammenbringen werden. Außerdem befürchten viele Titlegesellschaft später von der Steuerbehörde in Regress genommen zu werden, wenn sich herausstellt, dass das Zertifikat zu Unrecht ausgestellt wurde. Die Titlegesellschaften werden daher darauf bestehen, dass Sie als Verkäufer Ihre Steuer bezahlen und im Nachgang eine Rückforderung bei der Steuerbehörde machen.

Lassen Sie uns diesen Punkt ein wenig beleuchten, und zwar aus Sicht eines Verkäufers. Diese Darstellung beruht auf eigenen Erfahrungen und sie ersetzt keine Steuerberatung, denn jede Verkäufersituation ist unterschiedlich.

Wie bereits erwähnt, muss der Verkäufer eine 10 %+ FIRPTA Steuer beim Closing an die Steuerbehörde der Vereinigten Staaten zahlen. Die Rückforderung diese Steuer wird mittels einer Steuererklärung im Folgejahr des Verkaufs durchgeführt.

Der gemäß Kaufvertrag fällige Steuerbetrag wird per Scheck und Anschreiben der Titlegesellschaft an die zuständige Steuerstelle gesandt. Dort wird der Scheck eingelöst und nach ca. zwei bis drei Monaten erhält der Verkäufer einen Brief mit einem Beleg über die erfolgte Steuerzahlung. Dieser Beleg enthält neben dem Steuerbetrag auch Details über den Verkauf wie beispielsweise Käufer- und Verkäuferdaten, Kaufsumme und Immobilienadresse.

Wenn Sie diesen Beleg haben, dann können Sie mit der Kopie dieses Belegs und der Kopie des abgeschlossenen Kaufvertrags sowie einer beglaubigten Kopie Ihrer Ausweispapiere bei der Steuerbehörde eine Steuernummer beantragen. Diese Steuernummer benötigen Sie für Ihre spätere Steuererklärung.

Nachdem Sie Ihre Steuernummer erhalten haben, laden Sie die erforderlichen Steuerbelege von der IRS-Webseite (Internal Revenue Service) herunter und füllen diese aus. Alle

Belege inklusive einer beglaubigten Kopie Ihres Ausweises bzw. Reisepasses senden Sie per Post in die Vereinigten Staaten zur zuständigen IRS-Abteilung.

Wenn alle Dokumente vollständig und korrekt ausgefüllt sind, dann erhalten Sie Ihren Steuerbetrag per Scheck und meist sogar mit aufgelaufenen Zinsen zurück.

Das ist der normale Weg. Kommen wir jetzt zum Thema Zertifikat und warum dieses Verfahren nicht funktioniert. Für die Ausstellung eines Zertifikats benötigen Sie eine US-Steuernummer, aber die erhalten Sie erst, wenn die Steuer bezahlt und der Immobilienvertrag vollständig abgewickelt ist. Das Ziel, dieses Zertifikates ist es aber, die Steuerzahlung zu vermeiden und das ist aufgrund der vorstehenden Bedingungen für ein Zertifikat unmöglich.

Vielleicht sagen Sie jetzt: *Ich habe eine Social Security Nummer, die in den Vereinigten Staaten auch als Steuernummer genutzt wird.* Das ist sehr schön, aber auch diese wird von den zuständigen Behörden meist nicht für ein Zertifikat akzeptiert. Sie sollten sich damit abfinden, die FIRPTA-Steuer erstmal zu zahlen und anschließend zurück zu fordern.

Ein weiterer Punkt, den Sie vor dem Closingtag erledigen müssen, ist der Auszug aus der verkauften Immobilie. Es ist weder für Sie als Verkäufer noch für den Käufer eine gute Idee, wenn Sie über das Closing hinaus in der Immobilie bleiben. Fast immer kommt es in einem solchen Fall zu Streitereien über Schäden oder Beschädigung bei einem späteren Auszug. Von eventuellen Mietzahlungsstreitigkeiten wollen wir gar nicht erst reden.

Wie Sie aus Ihrer bisherigen Immobilieneigentümerzeit wissen, wird eine jährliche Immobiliensteuer erhoben. Diese Steuer beläuft sich auf ca. 2 % des Immobilienmarktwertes ohne Berücksichtigung möglicher Steuerminderungen aufgrund von Marktpreisschwankungen oder dem sogenannten Homestead.

Bis zum Closingtag sind Sie als Immobilieneigentümer und Verkäufer für diese Steuer verantwortlich, auch wenn diese noch nicht fällig ist.

Die Immobiliensteuer wird vom ersten Januar bis zum einunddreißigsten Dezember berechnet, fällig wird sie aber erst nach Erteilung der Steuerrechnung Ende Oktober/Anfang November eines jeden Jahres.

Je nachdem wer – Käufer oder Verkäufer - die Steuerrechnung empfängt muss den Gesamtbetrag der Steuer bezahlen. Allerdings wird in der Closingabrechnung dieser Steuerbetrag bereits taggenau auf beide Parteien verteilt und im Closingstatement in den entsprechenden Spalten berücksichtigt. Details zu diesem Thema finden Sie in dem Kapital über die Closingabrechnung.

Hier ist nur ein Rechenbeispiel zur Verdeutlichung der Ermittlung des jeweiligen Immobiliensteueranteils: Wir verwenden die bereits mehrfach verwendeten Zahlen unserer Immobilientransaktion:

Im Verkaufsjahr Ihrer Immobilie beträgt Ihre Steuerschuld zum Beispiel $4.000,00. Sie schulden aber nur den Teil der Steuern, der auf die Zeit vom ersten Januar bis zum Closingtag entfällt. Der Käufer ist verantwortlich für die Zeit vom Closing bis zum Jahresende. Im Rahmen der Abschlussrechnung der Verkaufstransaktion wird eine Aufteilung der Steuerlast auf Verkäufer und Käufer vorgenommen und zwar anteilig für das laufende Steuerjahr.

Wie beschrieben, soll der Closingtag der 15. November sein und ab diesem Tag muss der Käufer die Steuern bezahlen.

Die Rechnung mit dem fälligen Steuerbetrag für das laufende Jahr wird erst Ende Oktober oder Anfang November zugestellt und kann frühestens nach Zustellung der Rechnung bezahlt werden.

In unserem Beispiel bedeutet es, dass der Käufer die Steuerrechnung bezahlen muss, aber Sie werden ihm Ihren Anteil im Rahmen der Closingabrechnung vergüten. Wie dies erfolgt, sehen Sie in der Beispielabrechnung.

Unsere Beispielrechnung sieht wie folgt aus:

Jahres-Steuerbetrag = $4.000,00

Steuerbetrag wird auf Kalendertage aufgeteilt =

$4.000,00 / 365 = $10,96 pro Tag.

Verkäuferanteil vom 1. Januar bis 14. November = $10,96 * 318 Tage = $3.485,28

Sie als Verkäufer vergüten dem Käufer Ihren Steueranteil in Höhe von $3.485,28 und der Käufer bezahlt bei Fälligkeit der Immobiliensteuer $4.000,00 an die zuständige Behörde des Countys. Für Sie als Verkäufer ist damit das Thema Immobiliensteuer erledigt.

Selbstverständlich haben Sie bis zum Closingtag auch Ihre Wasser/Abwasserrechnung und Ihre Stromrechnung bezahlt. Um einen Beweis in Händen zu haben, sollten Sie die Quittung der Bezahlung der offenen Rechnungen bei der Titlegesellschaft einreichen. Sollte Sie dies nicht tun, dann werden die offenen Rechnungsbeträge von dem Verkaufserlös einbehalten und die Titlegesellschaft bezahlt die Rechnungen.

Nachdem Sie jetzt alle Aktivitäten erledigt und alle Dokumente eingereicht, alle Fragen mit Ihren persönlichen Fachleuten – Anwalt, Steuerberater etc. - besprochen haben, steht dem erfolgreichen Closing nichts mehr im Weg.

Der letzte Countdown läuft und mindestens 48 Stunden vor dem Closing müssen Ihnen die Closingdokumente, die Sie unterschreiben sollen sowie die Abschlussabrechnung vorliegen. Ihre Aufgabe ist es, diese Papiere intensiv zu prüfen und offene bestehende Fragen jetzt zu klären, denn am Closingtag ist es zu spät.

Wenn alle Dokument in Ordnung sind und keine Fehler in der Abrechnung vorliegen, dann benötigen Sie nur noch Ihre Schlüssel. Diese müssen Sie mit zum Closing bringen und nach der Unterschrift auf den Dokumenten übergeben. Im Gegenzug erhalten Sie den Verkaufserlös, der in der Abschlussabrechnung errechnet wurde, auf Ihr angegebenes Konto gutschrieben. Barauszahlungen werden nicht gemacht.

Endlich – der Abschluss der Transaktion (Closing)

Sie haben es geschafft! Der große Tag des Abschlusses (=closing) Ihrer Immobilientransaktion ist erreicht. Sie haben den Termin und Ort für die Unterschrift aller Immobiliendokumente erhalten. Sicher sind Sie jetzt froh, dass das Ende Ihres Verkaufs endlich erreicht ist und das alle weiteren Belastungen beendet sind.

Eine letzte Aufgabe ist jetzt noch offen und das ist der letzte Durchgang durch Ihr ehemaliges Heim. Bei diesem letzten Durchgang überzeugt sich der Käufer von dem ordnungsgemäßen Auszug des Verkäufers. Sie sollten anwesend sein und ein Begehungsprotokoll anfertigen und gemeinsam unterschreiben. Sie wollen sich sicher nicht nachsagen lassen, dass Sie beim Auszug die Immobilie beschädigt haben oder das ein mitverkaufter Gegenstand fehlt. Solche Diskussionen können das anschließende Closing noch torpedieren und das ist nicht in Ihrem Sinne.

Ein solcher Durchgang erfolgt meist unmittelbar vor dem Abschlusstermin. Anschließend nach dem Durchgang begeben sich die Parteien zur Titelgesellschaft, bei der das Closing üblicherweise im Konferenzraum stattfindet.

Der Closing Agent der Titelgesellschaft empfängt alle beteiligten Parteien: den Verkäufer und den Käufer. Dieser Closing Agent ist in vielen Titelgesellschaften ein Real Estate Anwalt oder hat eine entsprechende Ausbildung in diesem Bereich, um Ihre offenen Fragen beantworten zu können. Er wird aber keine anwaltliche Beratung durchführen.

Der Closing Agent ist ein Angestellter der Titelgesellschaft. Während des Closings erläutert er alle Dokumente, die von der Titelgesellschaft bereitgestellt werden und beantwortet die auftretenden Fragen zu Informationen innerhalb der Dokumente. Außerdem prüft der Closing Agent die Identifikationen des Verkäufers und des Käufers und beglaubigt während des Closings die geleisteten Unterschriften.

Häufig kommen auch die jeweiligen Immobilienexperten mit zum Closing und wohnen diesem bei. Dies ist aber nicht zwingende Vorschrift.

Als Real Estate Broker halte ich es für angebracht, beim Closing dabei zu sein. Es ist der krönende Abschluss der harten Arbeit und die Bezahlung für die geleistete Arbeit erfolgt sofort nach Beendigung des Closings.

Wenn alle Beteiligten anwesend sind und begrüßt wurden, erklärt der Closing Agent die einzelnen unterschiedlichen Dokumente und lässt diese im Original von den Parteien unterschreiben.

Jede geleistete Unterschrift wird vom Closing Agent mit seinem Public Notary Stempel gesiegelt. Damit wird das Dokument rechtskräftig. Das Public Notary Siegel entspricht dem Siegelakt des Notars in Europa.

Es ist üblich, dass alle Dokumente mehrfach vorliegen und auch mehrfach unterschrieben werden. Kopierte Unterschriften werden häufig für das Recording in den öffentlichen Archiven nicht zugelassen. Dieses Vorgehen wird sich wahrscheinlich in Zukunft aus Umweltgründen ändern.

Jeweils der Verkäufer und Käufer erhalten ein Original, ein Original bleibt bei der Titelgesellschaft, ein Original wird mit den restlichen Dokumenten bei Gericht eingereicht und falls ein Darlehen besteht geht ein weiteres Original an den Darlehnsgeber. Die beteiligten Broker Büros erhalten eine Kopie zusammen mit den jeweiligen Kommissionschecks.

Nachdem alle Dokumente unterschrieben und beglaubigt sind, werden die Schlüssel der Immobilie übergeben und die Geldmittel des Treuhandkontos basierend auf der unterschriebenen Schlussabrechnung ausgezahlt. Das Closing ist damit beendet und die Parteien verabschieden sich.

Wir sind in unserem Beispiel davon ausgegangen, dass alle Beteiligten während des Transaktionsabschlusses vor Ort sind. Es besteht allerdings auch die Option, dass Sie als Verkäufer ein Closing in Abwesenheit durchführen.

In diesem Fall werden die Dokumente per Post an den Verkäufer gesandt. Dieser muss mit dem gesamten Papierstapel zur nächst gelegenen US-Vertretung gehen. Dort ist jedes Dokument an der gekennzeichneten Stelle zu unterschreiben und ein US-Beamte beglaubigt jede geleistete Unterschrift. Anschließend werden alle unterschriebenen Dokumente für die weitere Abwicklung zurück an die Titelgesellschaft gesandt.

Die Transaktionsabrechnung

Kommen wir zurück zur Schlussabrechnung. Eine solche Abschlussabrechnung ist von der U.S. Department of Real Estate Housing and Urban Development (HUD) genau vorgegeben und trägt den Namen *Respa* Statement – (Real Estate Settlement Procedure Act).

Der Sinn dieser Abrechnung ist im Verbraucherschutz zu sehen, um genau das zu verhindern, was in Europa gang und gäbe ist: das langsame Eintreffen von Rechnungen.

Wir haben selbst einige Immobilien in Deutschland verkauft und diese Transaktionen hauptsächlich vom Ausland betreut, daher wissen wir, dass noch drei bis sechs Monate nach dem Notarvertrag und Zahlung des Kaufpreises Gebührenbescheide von diversen Stellen auftauchen. Das verzögert die Transaktion nicht nur erheblich, sondern macht es schwer die tatsächlichen Kosten der Transaktion im Auge zu behalten.

In den Vereinigten Staaten gibt es nur eine Abrechnung am Tag des Closings und diese Abrechnung ist final. Das Original einer solchen Abrechnung ist umfangreich und verwirrend und für die Darstellung in diesem Buch ungeeignet. Daher wird hier nur eine vereinfachte Darstellung (Broward/Dade) abgebildet.

Wenn Ihre Immobilie in einem anderen County als Broward/Dade liegt, wird eine solche Transaktionsabrechnung in einigen Kostenpositionen betragsmäßig differieren.

In der schematischen Abrechnung werden alle Gebühren und Kosten aufgelistet, die entweder vom Verkäufer oder Käufer im Rahmen der Immobilientransaktion zu bezahlen sind. Die dargestellten Kosten sind übrigens auch im Kaufvertrag aufgelistet. Mit der Unterschrift auf dem Kaufvertrag haben beide Parteien die Kostenverteilung festgelegt und damit zum Bestandteil des Vertrags gemacht.

Nach dem Closing sind alle rechtlichen Aktivitäten erledigt und Sie haben als ehemaliger Eigentümer keine weiteren Kosten zu erwarten.

Musterrechnung für unser Beispiel

Einfamilienhaus

mit 3 Schlafzimmern/3 Badezimmern, 1 Garage

Barkauf für $190.000,00

mit Abschlusstag 15. November

Abrechnung	Käufer	Verkäufer
Kaufpreis	-$190.00,00	$190.000,00
Kommission an die Real Estate Agents (6 %)		-$11,400.00
Steuern für 2016 (Tax = $4.000,00)	$3.485,28 a)	-$3.485,28
Grundbuchauszug (title search)		-$90,00
Belastungssuche (lien search)		-$225,00
Titelversicherung (title insurance)	-$1.025,00	
Abwicklungsgebühr (closing service)	-$525,00	-$585,00
Dokumentenmarken (doc stamps = 0.70 % pro $100)		-$1.330,00
Urkundeneintragung (deed recording)	-$27,00	
FIRPTA Steuer (10 % vom Kaufpreis)		-$19.000,00 c)
Gesamtsumme an Verkäufer zu zahlen	-$188.091,72	$153.884,72 b)

a) Gutschrift Jahressteueranteils Verkäufer an Käufer.
b) Gutschrift des Kaufpreises an den Verkäufer.
c) ist im Folgejahr von der IRS zurückzufordern

Kommen wir zu den einzelnen Positionen auf der Abrechnung. Um das Prinzip der Abrechnung zu verdeutlichen und es einfach und verständlich zu halten, wird eine Bartransaktion dargestellt.

Die Einbeziehung von Darlehensauszahlung beim Käufer und Darlehnsablösung beim Verkäufer verkompliziert den Vorgang nur und bringt keine zusätzlichen Erkenntnisse.

Wie bereits erwähnt, bezahlen Sie als Verkäufer die Kommission in der Verkaufstransaktion. Im Rahmen der Vermarktungsvereinbarung (=Listing Vertrag) zwischen Ihnen, dem Verkäufer und dem Verkaufsoffice ist die Höhe der zu zahlenden Kommission für die Transaktion vereinbart worden. Der übliche Kommissionssatz ist 6 – 7 % des Kaufpreises. Sie wird fällig und ausgezahlt, sobald die Transaktion abgeschlossen (=geclosed) ist. Der Kommissionsbetrag wird gleich von dem Verkaufserlös abgezogen und reduziert den Auszahlungsbetrag an den Verkäufer.

In der Listingvereinbarung wird auch festgelegt, dass die Kommission mit einem kooperierenden Agent zu teilen ist. Der kooperierende Real Estate Professional ist der Käufer Agent. Wenn der Listingbroker als Transaktionsagent beide Vertragsseiten betreut, dann wird der gesamte Kommissionsbetrag an das Listingoffice ausgezahlt.

Mit dieser Kommission sind die Dienstleistungen Ihres Listing Brokers im Zusammenhang mit Ihrer Verkaufstransaktion abgegolten, wie dies bereits in dem Kapital bezüglich der Aufgaben des Real Estate Professional dargelegt ist.

Sollte Ihr Listingbroker allerdings zusätzliche Leistungen erbracht haben, wie zum Beispiel die Übersetzung eines Dokuments, so ist diese Leistung separat zu vergüten.

In der Abrechnungsposition Steuern wird der jeweilige Steueranteil des Verkäufers und des Käufers aufgelistet. Die im November fällige Steuerzahlung wird taggenau aufgeteilt.

Hier die Berechnung aus unserem Beispiel:

Die jährliche Gesamt-Steuerschuld beträgt $4,000,00. ($200.000,00 * 2% = $4.000,00). Der Abschluss findet am 15. November statt.

Daraus ergibt sich die folgende Rechnung:

Das Jahr hat 365 Tage, vom 1. Januar bis 14. November sind es 318 Tage. Der Steuerbetrag beträgt für diese Periode $3.485,28.

Dieser Betrag ist die Steuerschuld des Verkäufers für das laufende Jahr. Zum Steuerfälligkeitszeitpunkt werden Sie als Verkäufer und Käufer voraussichtlich keine Verbindung mehr zueinander haben und eine teileweise Steuerzahlung ist technisch nicht möglich. Als Verkäufer zahlt Sie daher Ihren Steueranteil an den Käufer innerhalb der Verkaufstransaktion und dieser Betrag wird innerhalb der Transaktionsabrechnung als Gutschrift an den Käufer sichtbar.

Zu den Abschlusskosten, die Sie als Verkäufer normalerweise zahlen, zählen beispielsweise Title- und Lien Searches. Diese Überprüfung der Immobiliendokumente stellt sicher, dass keine Einschränkungen oder Belastungen bestehen, wenn die Immobilie bei Closing übertragen wird.

Das Ergebnis dieser Dokumentenprüfung ist die Voraussetzung für den Erhalt einer Titelversicherung in eingeschränkter oder uneingeschränkter Form. Details finden Sie im Kapitel über die Titlegesellschaft.

Für diese Dienstleistung der Title und Lien Search werden gewöhnlich Pauschalen oder auch Flat-Fees berechnet. Nur in besonders dringenden Fällen, wenn zum Bespiel eine Transaktion in weniger als 30 Tagen abgewickelt werden soll, fällt eine Zusatzgebühr für die Eilabwicklung an. Die reguläre Laufzeit für eine Titel- und Liensuche ist von Stadt zu Stadt unterschiedlich und ist nicht unter zwei bis drei Wochen zu erledigen.

Die nächste Position in der Abrechnung ist die Titelversicherung. Diese Kosten für die Titelversicherung (=title insurance) wird vom Käufer bezahlt, weil diese Versicherung ihn begünstigt.

Mit dieser Titel-Versicherung wird das Risiko abgesichert, dass eine eventuell noch offene Forderung von Ihnen, dem Verkäufer, auftaucht, die bei der Titeluntersuchung noch nicht bekannt war. Eine solche Forderung könnte nach dem Closing auf die Immobilie als Belastung eingetragen werden. In dem Fall begleicht die Titelversicherung diese Forderung und sorgt für die Löschung dieser Belastung. Sollten Sie, der Verkäufer, später als Verursacher dieser Eintragung festgestellt werden, dann wird die Titelversicherung Sie in Regress nehmen.

Bei der Abwicklungsgebühr handelt es sich um die Arbeitsleistung der Titelgesellschaft und die Erstellung der notwendigen Immobilienübertragungsunterlagen, Kopieren, Postversand zum Gericht etc. Diese Kosten werden von beiden Vertragsparteien gezahlt, weil beide Parteien entsprechende Leistungen erhalten. Die Dienste für die Verkäuferseite sind meist etwas aufwendiger und verursachen daher höhere Kosten.

Der *Deed* ist die Grundstücksurkunde. In dieser Urkunde wird dargelegt, wer Verkäufer ist, wer Käufer, zu welchem Preis die Immobilie an welchem Tag verkauft wurde. Für dieses Deed Dokument sind sogenannte Dokumentenmarken zu bezahlen. Die Kosten gehen zu Lasten des Verkäufers und betragen in unserem Beispiel 0.70 % pro $100,00 vom Kaufpreis.

In unserem Beispiel ist der Verkaufspreis $190.000,00 und die Dokumentenmarken kosten $1.330,00.

Die Position Survey – das ist die Landvermessung – wird nur dann in der Abrechnung auftauchen, wenn der Käufer die Titelgesellschaft beauftragt hat, eine Survey (Landvermessung) einzuholen. Die Kosten für die Survey sind vom Käufer zu tragen.

In den Vereinigten Staaten gibt es keine Behörde wie zum Beispiel das Katasteramt in Deutschland. Der jeweilige Immobilieneigentümer beauftragt daher eine Landvermessungsgesellschaft, um die Perimeter der Immobilie feststellen zu lassen. Da dieses Buch sich auf die Verkäufersicht fokussiert, wurde auf dieses Thema nicht näher eingegangen und die Position taucht auch nicht in der Transaktionsabrechnung auf. Dieser Hinweis dient nur der Vervollständigung.

Mit der Position Recording Deed sind die Kosten für die Eintragung der Eigentumsübertragung vom Verkäufer auf den neuen Eigentümer gemeint. Diese Kosten sind eine Pauschale vom Court (=Amtsgericht vergleichbar).

In unserem Beispiel einer Verkaufstransaktion gehen wir davon aus, dass Sie ein sogenannter foreign national – also kein US Bürger – sind und in diesem Fall unterliegen Sie der FIRPTA Steuer beim Verkauf Ihrer Immobilie. Die Details für diese Steuer sind bereits in den vorstehenden Kapiteln erläutert worden und wir haben in der Position FIRPTA Steuer den Steuerbetrag von 10 % in Abzug gebracht. Diesen Betrag können Sie im Folgejahr der Transaktion von der Steuerbehörde zurückfordern.

In der Summenzeile finden Sie den jeweiligen Betrag, den der Käufer zu zahlen hat und den der Verkäufer auf seinem Konto finden wird nach Abzug aller Transaktionskosten.

Gratulation!

Sie haben jetzt Ihr Heim erfolgreich verkauft, die Schlüssel an den neuen Eigentümer übergeben und der Verkaufserlös ist auf dem Überweisungsweg zu Ihrem Konto.

Sie haben Ihr Ziel *Immobilienverkauf im Ausland* erfolgreich verwirklicht.

Wie geht es jetzt weiter?

Das hängt von Ihren Wünschen und Zielen ab, die Sie sich vor dem Verkauf Ihres Heims gesetzt haben. Wenn Sie Ihre Immobilie verkauften, weil Sie aufgrund von Familienzuwachs eine größere benötigen, dann können Sie jetzt auf die Suche gehen. Das gleiche gilt, wenn Sie sich verkleinern wollen, weil zum Beispiel Ihre Kinder zum Studium auf die Universität gehen.

Wenn Sie Ihr Heim verkauften, weil Sie einen neuen Job an einem anderen Ort haben, dann können Sie sich jetzt auf den Weg zu neuen Ufern machen.

Auch im Falle einer Scheidung oder einer Erbschaft ist jetzt die Zeit Bilanz zu ziehen und zu entscheiden, welchen nächsten Schritt Sie gehen wollen. Lassen Sie alles hinter sich, was Sie mit Ihrer gerade verkauften Immobilie verbindet und steuern Sie Ihr nächstes Ziel an.

Sollten Sie Ihre Immobilie aufgrund eines finanziellen Notfalls in Form eines Short Sale oder eines Deed-in-Lieu Verfahrens verkauft haben, dann sollten Sie sich unbedingt mit einem Anwalt und Ihrem Steuerberater abstimmen, damit die Ihnen vom Finanzierungsinstitut vergebene Darlehensschuld nicht fälschlicherweise als Einkommen in der Steuererklärung angerechnet wird. Dies ist nur ein wohlgemeinter Rat und Sie wissen sicher – Vorsicht ist besser als Nachsicht.

Wenn es sich bei Ihrem Heim um eine Ferienwohnung oder einen Zweitwohnsitz handelte, dann ist es jetzt Zeit sich Gedanken zu machen, wohin mit dem Verkaufserlös. Solange Sie und das Geld in den Vereinigten Staaten bleiben, ist diese Entscheidung einfach zu treffen: erstmal auf dem US-Konto parken und investieren – vielleicht in eine neue

Immobilie an einem anderen Ort? Wir können Ihnen gern bei Ihrer Suche und bei Ihrem Umzug mit Rat und Tat zur Seite stehen. Eine E-Mail an die Adresse am Ende des Buches ist schnell geschrieben.

Für den Fall, dass Sie den Vereinigten Staaten den Rücken kehren und zurück in Ihr Heimatland wollen, dann sollten Sie sich ein wenig Zeit nehmen und sich mit den Geldübertragungsmöglichkeiten vertraut machen.

Jedes Land hat normalerweise Regelungen, wieviel Geldmittel Sie vom Ausland ins Heimatland überweisen dürfen und welche Meldeformulare Sie verwenden müssen. Bei größeren Geldüberweisung wird in vielen Ländern häufig an Geldwäsche gedacht und Sie sollten daher nachweisen können, woher das Geld kommt. Ihre Transaktionsunterlagen sollten dazu ausreichen. Für die steuerlichen Fragen wird Ihnen Ihr Steuerberater wertvolle Tipps geben.

Bevor Sie allerdings jetzt alle Geldmittel in Ihre Heimatland überweisen und alle Konten auflösen, bedenken Sie bitte, ob Sie gegebenenfalls noch private Ausgaben haben oder Eingänge erwarten.

Wenn Sie zum Beispiel eine Erbschaftsimmobilie verkauften, dann sollten Sie prüfen, ob Sie erbschaftssteuerpflichtig sind. Auch muss der Probate Prozess – das ist das Erbschaftsverfahren in dem Staat der Vereinigten Staaten, in dem der Erbfall eingetreten ist - vollständig abgewickelt sein und ein solches Verfahren verursacht Kosten, die in US-Dollar zu zahlen sind.

Eine weitere Überlegung vor der Kontoauflösung ist die FIRPTA-Steuerrückerstattung. Diese wird in US-Dollar geleistet und kann entweder als Kontoüberweisung oder als

Scheck erfolgen. Wenn Sie kein Konto in den Vereinigten Staaten mehr haben, dann wird Ihnen nur der Scheckweg bleiben.

Dieser Scheck ist auf US Dollar ausgestellt und muss bei einem fehlenden US-Konto auf ein Konto in Ihrem Heimatland einzahlen werden. In diesem Fall schlagen die Währungsumrechnung und die Abwicklungsgebühren als Kosten zu Buche. Banken sind sehr erfinderisch, wenn es darum geht den Kunden Gebühren abzuziehen, ganz besonders in der heutigen Wirtschaftslage.

Um die Kosten bei der Währungsumrechnung ein wenig im Griff zu behalten, gibt es verschiedene legale und vertrauenswürdige Dienstleister, die Ihnen hier behilflich sein können. Diese Dienstleister sorgen für einen problemlosen Geldtransfer größerer Geldmengen und bieten auch noch die Möglichkeit von dem Wechselkurs zu profitieren. Bei Interesse können Sie uns gern eine E-Mail an die Adresse am Ende des Buches senden und wir helfen Ihnen gern.

Ein kleines Wort zum Abschluss

Sie haben es geschafft und erfolgreich Ihr Heim verkauft – zumindest in diesem Buch. Mit dem lokalen Immobilienexperten war es sicher ganz einfach und entspannt. Wenn Sie sich beim Lesen dieses Buches mit dem Immobilienverkaufsprozess vertraut gemacht haben, dann werden Sie ganz sicher mit Ihrem Real Estate Professional ein gutes Team bilden.

In der Realität wird es sich noch viel besser anfühlen. Sie haben am Ende das Geld auf Ihrem Konto und alle Verpflichtungen im Zusammenhang mit der Immobilie sind erledigt. Keine Bankraten mehr, keine Hausgeldzahlungen oder Instandhaltungskosten, keine Immobiliensteuern.

Wenn Sie Ihre Immobilie in der Tiefphase des Immobilienmarktes gekauft haben, dann werden Sie jetzt auch noch einen satten Wertgewinn beim Verkauf Ihres Heims realisiert haben.

Die lokale Ökonomie hat sich erholt seit der Immobilienblase in 2008 und dem Wertverfall der Immobilien bis zum Jahr 2011. Zu dem damaligen Zeitpunkt waren die Immobilien bis auf 40% des Wertes vor der Blase gesunken und viele Immobilieneigentümer hatten große finanzielle Probleme, ihre Darlehensraten zu zahlen. Es kam zu vielen Short Sale und Foreclosure Verkäufen, die den Markt mit Immobilien überschwemmten und so zu dem extremen Wertverfall der Immobilien führten.

Es war aber schon damals abzusehen, dass diese Immobilienpreise sich schnell wieder erholen würden. Nicht nur die Verbesserung der lokalen Wirtschaftslage sorgte für Entlastung, sondern auch die lokale Ökologie trägt dazu bei.

Förderprojekte des Staates haben neue Arbeitsplätze geschaffen und Strukturmaßnahmen haben neue Investoren in die Region gezogen. Mit diesen Investitionen und Strukturmaßnahmen wuchs der Bedarf an Arbeitnehmern und die Beschäftigten benötigen Wohnraum, der erst noch gebaut werden musste. Jetzt boomt die Metro Region wieder und ist einer der Top-Handelsplätze in den Vereinigten Staaten.

Florida ist eine Halbinsel und weite Teile der Südspitze dieser Halbinsel bestehen aus dem Naturschutzgebiet der Everglades. Dieses Naturschutzgebiet ist lebensnotwendig für die Region und schränkt damit die Ausdehnung und die Entwicklung der Metroregion Miami/Fort Lauderdale stark ein. Neubauprojekte können nur in den zurzeit vorhandenen Bebauungsgebieten durchgeführt werden und die Immobilien, die auf diesem beschränkten Areal entstehen, werden immer mehr im Wert steigen.

Diese Entwicklung der Immobilienwerte wird auch durch die nachfolgenden statistischen Zahlen belegt. Die Statistik basiert auf den letzten 11 Jahren in der Metroregion Miami/Fort Lauderdale.

Diese Marktuntersuchung seit dem Platzen der Immobilienblase zeigt, dass die durchschnittlichen Verluste der Immobilienwerte bei 50 % bis 60 % in 2008 lagen. Im Jahr 2011 war der Tiefpunkt der Immobilienwerte erreicht und die Marktwerte stiegen zunächst langsam wieder an und haben bis zum Jahr 2016 bereits die ehemaligen Höchstwerte überschritten.

Neben diesen Immobilienwertentwicklungen darf auch die Währungskursentwicklung für diesen Zeitraum nicht vergessen werden. Auch wenn der Dollar während dieser Zeit stärker geworden ist, so ist der Umrechnungskurs zwischen US-Dollar und Euro noch immer vorteilhaft. Der Kurs schwankte während der untersuchten Periode zwischen $1,06 bis $1,50 für 1 Euro. Das bedeutet, dass Sie beim Immobilienkauf für ein Haus im Wert von $200.000,00 nur etwa 160.000,00 Euro bezahlen würden bei einem Umrechnungskurs von $1,25 = 1 Euro.

Hier eine Statistik über die Immobilienwertentwicklung der letzten 11 Jahre.

Einfamilienhaus in Fort Lauderdale(Durchschnittspreis)			
	Basic	Mit Pool	Mit Wasserfront und Pool
2005	$204.870,00	$322.555,00	$531.808,00
2008	$119.509,00	$133.948,00	$146.761,00
2011	$100.085,00	$214.731,00	$408.226,00
2014	$150.718,00	$245.511,00	$445.146,00
2016	$252.519,00	$416.652,00	$733.976,00

Um diese Zahlen noch etwas greifbarer zu machen, hier ein konkretes Beispiel:

Nehmen wir einmal an Sie hätten am 14. April 2011 eine Immobilie in Florida gekauft. Die Immobilie kostete Sie damals $200.000,00 und der Umrechnungskurs US-Dollar zu Euro war $1,45 zu 1 Euro.

Basierend auf diesen Daten, hätten Sie für diese Immobilie tatsächlich nur rund 137.931 Euro bezahlt. ($200.000 / $1,45 = 137.931,03 Euro)

Am 15. November 2016 verkaufen Sie genau diese Immobilie wieder. Wir berücksichtigen bei dieser Betrachtung keine Renovierungen oder Modernisierungen oder jährliche Kosten und beschränken uns nur auf den Verkaufspreis.

Aufgrund des Anstiegs der Immobilienpreise können Sie Ihre Immobilie jetzt für den doppelten Kaufpreis am Markt verkaufen. Sie würden in diesem Fall Ihre Immobilie für $400.000 verkaufen können.

Wie Ihnen bekannt ist, ist der Umrechnungskurs US-Dollar zu Euro derzeit fast pari. Am 15. November 2016 entsprach $1,07 = 1 Euro. Wenn wir diesen Kurs in Ansatz bringen, dann würden Sie für den Verkaufspreis von $400.000,00 rund 373.832 Euro erhalten.

Gehen wir von einem Kapitaleinsatz von 137.931 Euro aus, dann bekommen Sie jetzt nach ca. 5 ½ Jahren 235.901 Euro zurück. Dieser Gewinn basiert ausschließlich auf der Marktwertsteigerung der Immobilie und lässt Kosten, Zinsen, Instandhaltung unbeachtet.

Diese Wertsteigerungen sind auch in der obigen Tabelle belegt. Als Basis für diese Statistik sind nur Eigenheime in Fort Lauderdale herangezogen worden, die auch tatsächlich verkauft wurden und zwar von einem lizensierten Immobilienexperten in Florida.

Wie die Zahlen belegen, sind in den verschiedenen Segmenten die Immobilienwerte unterschiedlich gestiegen. Bei den sogenannten Basics-Immobilien, die weder einen Pool noch Wasserfront haben, waren die Wertsteigerungen über die Jahre 152 %, während bei Immobilien, die sowohl Wasserfront als auch Pool haben, die Wertsteigerung nur ca. 80 % ausmachte.

Selbstverständlich sind Zahlen vor dem Hintergrund zu verstehen, dass Sie zum richtigen Zeitpunkt, nämlich nahe dem Tiefpreispunkt in den Immobilienmarkt eingestiegen sind und jetzt auf dem heutigen Markt aussteigen.

Solche Zahlen und Gewinne werden Sie auch nur erzielen, wenn Sie einen kompetenten, lizensierten Immobilienexperten aus Florida engagieren. Dieser wird für Sie ein verlässlicher Partner in Ihrem Immobiliengeschäft sein und seine Expertise zu Ihrem Vorteil einsetzen.

Sie sollten nicht den Fehler machen, dass Sie glauben nach der Lektüre dieses Buches eine Immobilientransaktion in Eigenregie durchführen können. Das Ziel dieses Buches ist es, Ihnen einen Überblick über eine normale und einfache Transaktion zu geben. Alle in diesem Buch dargestellten Daten und Details galten zum Zeitpunkt der Bucherstellung und können sich jederzeit ändern aufgrund von neuen Gesetzen und Verordnungen.

Jede Immobilie und jede Transaktion ist einzigartig und hat Buckel auf dem Weg zum Ziel. Jede Käufer- und jede Verkäufersituation ist unterschiedlich genauso wie keine Immobilie und deren Standort gleich ist. Nur ein lokaler Immobilienspezialist ist in der Lage diese Informationen in die richtige Perspektive zu setzen und den für Sie besten Weg zu empfehlen.

Der Immobilienexperte wird Ihnen aber nicht alle Fragen beantworten und erläutern können. Er wird keinen Rechts-, Finanz- und Steuerberatungsrat geben. Für diese Bereiche sind Anwälte, Steuerberater und Darlehensfachleute zu konsultieren.

Jeder von diesen Professionals ist ein Spezialist auf seinem Fachgebiet und keiner wird sich auf das Fachgebiet des anderen begeben und dessen Aufgaben übernehmen, aber in der Zusammenarbeit sind die Professionals unschlagbar und fokussiert auf Ihr Ziel *Immobilienverkauf im Ausland.*

Wir hoffen, dass Ihre Fragen im Zusammenhang mit dem Verkauf Ihres Heims beantwortet sind. Wenn Sie trotzdem noch offene Fragen haben, dann helfen wir Ihnen gern.

Auf unseren Webseiten finden Sie viele Detailinformationen und Immobiliendaten:

Florida Informationen: www.florida-informations.com, email: info@florida-informations.com

Traumimmobilien: www.florida-dream-homes.net, email: andrea@florida-informations.com

Autorenwebseite: www.andreahoffdomin.com, email: andrea@florida-informations.com

Dieses Buch ist eine Ergänzung zu den bereits auf Markt vorhanden Büchern zum Thema Business, Immobilien und kultureller Vielfältigkeit und Unterschieden.

- Ihre Residenz im Paradies

- Your Residence in Paradise

- Property Sale in a Foreign Country

- Secrets of the Caribbean Islands – Cayman Islands

- Secrets of the Caribbean Islands – Jamaica

- Oder unsere Bildbände über Grand Cayman und Jamaica

- Weitere Bücher sind in Vorbereitung

Wir stehen auch gern als Keynote Speaker für Veranstaltungen und als internationaler Immobilienspezialist mit Schwerpunkt Amerika, Karibik und Europa zur Verfügung.

Viele Grüße aus dem Sunshine State Florida!

www.ingramcontent.com/pod-product-compliance
Lightning Source LLC
Chambersburg PA
CBHW050505210326
41521CB00011B/2338